A fé nasce e é vivida em comunidade

Comunidades cristãs na terra de Israel

COLEÇÃO BÍBLIA EM COMUNIDADE

PRIMEIRA SÉRIE – VISÃO GLOBAL DA BÍBLIA

1. Bíblia, comunicação entre Deus e o povo – Informações gerais
2. Terras bíblicas: encontro de Deus com a humanidade – Terra do povo da Bíblia
3. O povo da Bíblia narra suas origens – Formação do povo
4. As famílias se organizam em busca da sobrevivência – Período tribal
5. O alto preço da prosperidade – Monarquia unida em Israel
6. Em busca de vida, o povo muda a história – Reino de Israel
7. Entre a fé e a fraqueza – Reino de Judá
8. Deus também estava lá – Exílio na Babilônia
9. A comunidade renasce ao redor da Palavra – Período persa
10. Fé bíblica: uma chama brilha no vendaval – Período greco-helenista
11. Sabedoria na resistência – Período romano
12. O eterno entra na história – A terra de Israel no tempo de Jesus
13. A fé nasce e é vivida em comunidade – Comunidades cristãs na terra de Israel
14. Em Jesus, Deus comunica-se com o povo – Comunidades cristãs na diáspora
15. Caminhamos na história de Deus – Comunidades cristãs e sua organização

SEGUNDA SÉRIE – TEOLOGIAS BÍBLICAS

1. Deus ouve o clamor do povo (Teologia do êxodo)
2. Vós sereis o meu povo e eu serei o vosso Deus (Teologia da aliança)
3. Iniciativa de Deus e corresponsabilidade humana (Teologia da graça)
4. O Senhor está neste lugar e eu não sabia (Teologia da presença)
5. Profetas e profetisas na Bíblia (Teologia profética)
6. O Sentido oblativo da vida (Teologia sacerdotal)
7. Faça de sua casa um lugar de encontro de sábios (Teologia sapiencial)
8. Grava-me como selo sobre teu coração (Teologia bíblica feminista)
9. Teologia rabínica (em preparação)
10. Paulo, apóstolo de Jesus Cristo pela vontade de Deus (Teologia paulina)
11. Compaixão, cruz e esperança (Teologia de Marcos)
12. Lucas e Atos: uma teologia da história (Teologia lucana)
13. Ide e fazei discípulos meus todos os povos (Teologia de Mateus)
14. Teologia joanina (em preparação)
15. Eis que faço novas todas as coisas (Teologia apocalíptica)
16. As origens apócrifas do cristianismo (Teologia apócrifa)
17. Teologia da Comunicação (em preparação)
18. Minha alma tem sede de Deus (Teologia da espiritualidade bíblica)

TERCEIRA SÉRIE – BÍBLIA COMO LITERATURA

1. Bíblia e Linguagem: contribuições dos estudos literários (em preparação)
2. Introdução às formas literárias no Primeiro Testamento (em preparação)
3. Introdução às formas literárias no Segundo Testamento (em preparação)
4. Introdução ao estudo das Leis na Bíblia
5. Introdução à análise poética de textos bíblicos
6. Introdução à Exegese patrística na Bíblia (em preparação)
7. Método histórico-crítico (em preparação)
8. Análise narrativa da Bíblia
9. Método retórico e outras abordagens (em preparação)

QUARTA SÉRIE – RECURSOS PEDAGÓGICOS

1. O estudo da Bíblia em dinâmicas – Aprofundamento da Visão Global da Bíblia
2. Aprofundamento das teologias bíblicas (em preparação)
3. Aprofundamento da Bíblia como Literatura (em preparação)
4. Pedagogia bíblica
   4.1. Primeira infância: E Deus viu que tudo era bom
   4.2. Segundo Infância (em preparação)
   4.3. Pré-adolescência (em preparação)
   4.4. Adolescência (em preparação)
   4.5. Juventude (em preparação)
5. Modelo de ajuda (em preparação)
6. Mapas e temas bíblicos (em preparação)
7. Metodologia de estudo e pesquisa (em preparação)

Serviço de Animação Bíblica - SAB

A fé nasce e é vivida em comunidade

Comunidades cristãs na terra de Israel (27-70 E.C.)

Dados Internacionais de Catalogação na Publicação (CIP)
(Câmara Brasileira do Livro, SP, Brasil)

A Fé nasce e é vivida em comunidade : comunidades cristãs na Terra de Israel (27-70 E.C.) / ilustrações Roberto Melo ; [elaboração do texto Paulo Sérgio Soares e Equipe do SAB]. – 6. ed. – São Paulo : Paulinas, 2012. – (Coleção Bíblia em comunidade. Série visão global ; v. 13)

ISBN 978-85-356-3066-4

1. Bíblia - Estudo e ensino - Metodologia 2. Comunidades cristãs - História 3. Igreja - História - Igreja primitiva I. Soares, Paulo Sérgio. II. Serviço de Animação Bíblica - SAB. III. Melo, Roberto. IV. Série.

12-01954   CDD-270.1

Índice para catálogo sistemático:
1. Comunidades cristãs : Igreja cristã primitiva   270.1

6ª edição – 2012
4ª reimpressão – 2020

Elaboração do texto: Pe. Paulo Sérgio Soares e Equipe do SAB
Assessores bíblicos: Jacil Rodrigues de Brito, José Raimundo Oliva, Valmor da Silva, Romi Auth, fsp
Cartografia: Prof. Dr. José Flávio Morais Castro, do Departamento de Planejamento Territorial e Geoprocessamento do IGCE – UNESP
Metodologia: Maria Inês Carniato
Ilustrações: Roberto Melo
Citações bíblicas: Bíblia de Jerusalém, São Paulo, Paulus, 1985

Gratidão especial às pessoas que colaboraram, com suas experiências, sugestões e críticas, para a elaboração e apresentação final do projeto "Bíblia em comunidade" na forma de livro e transparências para retroprojetor.

SAB – Serviço de Animação Bíblica
Av. Afonso Pena, 2.142 – Bairro Funcionários
30130-007 – Belo Horizonte – MG
Tel.: (31) 3269-3737 – Fax: (31) 3269-3729
e-mail: sab@paulinas.com.br

Paulinas
Rua Dona Inácia Uchoa, 62
04110-020 – São Paulo – SP (Brasil)
Tel.: (11) 2125-3500
Telemarketing e SAC: 0800-7010081
http://www.paulinas.com.br – editora@paulinas.com.br

©Pia Sociedade Filhas de São Paulo – São Paulo, 2002

Apresentação

Os volumes da coleção "Bíblia em comunidade" têm o objetivo de acompanhar os que desejam entrar em comunicação e comunhão com Deus por meio da Bíblia, trazendo-a para o centro de sua vida e da comunidade.

Muitas pessoas — e talvez você — têm a Bíblia e a colocam num lugar de destaque em sua casa; outras fazem dela o livro de cabeceira; outras, ainda, a leem engajadas na caminhada de fé de sua Igreja, seguindo sua orientação. Muitas, ao lê-la, sentem dificuldade de entendê-la e a consideram misteriosa, complicada, difícil. Algumas das passagens bíblicas até provocam medo. Por isso, a leitura, o estudo, a reflexão, a partilha e a oração ajudam a despertar maior interesse nas pessoas; na sua leitura diária elas descobrem a Palavra como força que as leva a ver a realidade com olhos novos e a transformá-la. O conhecimento, a libertação, o amor, a oração e a vida nova que percebem ao longo da caminhada são realizações de Deus com a sua presença e ação.

Esta coleção oferece um estudo progressivo em quatro séries. A primeira, "Visão global", traz as grandes etapas da história do povo da Bíblia: a terra, a região, o povo, a cultura, os personagens, as narrativas que o povo escreveu para mostrar a relação de amor entre ele e Deus. À medida que vamos conhecendo a origem e a história do povo, percebemos que a Bíblia retrata a experiência de pessoas como nós, que descobriram a presença de Deus no cotidiano de sua vida e no da comunidade, e assim deram novo sentido aos acontecimentos e à história.

"Teologias bíblicas" são o assunto da segunda série, que estuda aquilo que o povo da Bíblia considerou essencial em sua comunicação com Deus. As grandes experiências de fé foram sempre contadas, revividas e celebradas nos momentos mais importantes da história e ao longo das gerações. O povo foi entendendo progressivamente quem era Deus na multiplicidade de suas manifestações, especialmente nas situações difíceis de sua história.

O título da terceira série é "Bíblia como literatura". Nela são retomados os textos bíblicos de épocas, lugares, contextos sociais, culturais e religiosos diferentes. Vamos estudar, por meio dos diversos gêneros literários, a mensagem, a interpretação e o sentido que eles tiveram para o povo da Bíblia e que nós podemos descobrir hoje. Cada um deles expressa, de forma literária e orante, a experiência de fé que o povo fez em determinadas situações concretas. Os tempos de hoje têm muitas semelhanças com os tempos bíblicos. Embora não possamos transpor as situações do presente para as da época bíblica, pois os tempos são outros, o conhecimento da situação em que os escritos nasceram ajuda-nos a reler nossa realidade com os mesmos olhos de fé.

Por fim, a quarta série, "Recursos Pedagógicos", traz ferramentas metodológicas importantes para auxiliar no estudo e aprofundamento do conteúdo que é oferecido nas três séries: Visão Global da Bíblia, Teologias Bíblicas e Bíblia como Literatura. Esta série ajuda, igualmente, na aplicação de uma Metodologia de Estudo e Pesquisa da Bíblia; na Pedagogia Bíblica usada para trabalhar a Bíblia com crianças, pré-adolescentes, adolescentes e jovens; na Relação de Ajuda para desenvolver as habilidades de multiplicador e multiplicadora da Palavra, no meio onde vive e atua.

A coleção "Bíblia em comunidade" quer acompanhar você na aventura de abrir, ler e conhecer a Bíblia e, por meio dela, encontrar-se com o Deus Vivo. Ele continua, hoje, sua comunicação, em nossa história, com cada um(a) de nós. Mas, para conhecê-lo profundamente, é preciso deixar que a luz que nasce da Bíblia ilumine o contexto de nossa vida e de nossa comunidade.

Este e os demais subsídios da coleção "Bíblia em comunidade" foram pensados e preparados para pessoas e grupos interessados em fazer a experiência da revelação de Deus na história e em acompanhar outras pessoas nessa caminhada. O importante neste estudo é percebermos a vida que se reflete nos textos bíblicos, os quais foram vida para nossos antepassados e podem ser vida para nós. Sendo assim, as ciências, a pesquisa, a reflexão sobre a história e os fatos podem nos ajudar a não cair numa leitura fundamentalista, libertando-nos de todos os "ismos" — fundamentalismos, fanatismos, literalismos, proselitismos, exclusivismos, egoísmos... — e colocando-nos numa posição de abertura ao inesgotável tesouro de nossas tradições milenares. A mensagem bíblica é vida, e nossa intenção primeira é evidenciar e ajudar a tornar possível essa vida.

Vamos fazer juntos esta caminhada!

Equipe do SAB

Metodologia

Para facilitar a compreensão e a assimilação da mensagem, a coleção "Bíblia em comunidade" segue uma metodologia integral, que descrevemos a seguir.

Motivação

"Tira as sandálias", diz Deus a Moisés, quando o chama para conversar (Ex 3,5). Aproximar-se da Bíblia de pés descalços, como as crianças gostam de andar, é entrar nela e senti-la com todo o ser, permitindo que Deus envolva nossa capacidade de compreender, sentir, amar e agir.

Para entrar em contato com o Deus da Bíblia, é indispensável "tornar-se" criança. É preciso "tirar as sandálias", despojar-se do supérfluo e sentir-se totalmente pessoa, chamada por Deus pelo nome, para se aproximar dele, reconhecê-lo como nosso *Go'el*, nosso Resgatador, e ouvi-lo falar em linguagem humana. A comunicação humana é anterior aos idiomas e às culturas. Para se comunicar, todo ser humano utiliza, ainda que inconscientemente, a linguagem simbólica que traz dentro de si, a qual independe de idade, cultura, condição social, gênero ou interesse. É a linguagem chamada primordial, isto é, primeira: a imagem, a cor, o ritmo, a música, o movimento, o gesto, o afeto, enfim, a experiência.

A escrita, a leitura e a reflexão são como as sandálias e o bastão de Moisés: podem ajudar na caminhada até Deus, mas, quando se ouve a voz dele chamando para conversar, não se leva nada. Vai-se só, isto é, sem preconceitos nem resistências: "como criança", de pés descalços.

Sintonia integral com a Bíblia

O estudo da Bíblia exige uma metodologia integral, que envolva não só a inteligência, mas também o coração, a liberdade e a comunidade.

Com a inteligência, pode-se conhecer a experiência do povo da Bíblia:
- descobrir o conteúdo da Bíblia;
- conhecer o processo de sua formação;
- compreender a teologia e a antropologia que ela revela.

Com o coração, é possível reviver essa experiência:
- entrar na história da Bíblia, relendo a história pessoal e a comunitária à luz de Deus;
- realizar a partilha reverente e afetiva da história;
- deixar que a linguagem humana mais profunda aflore e expresse a vida e a fé.

Com a liberdade, a pessoa pode assumir atitudes novas:
- deixar-se iluminar e transformar pela força da Bíblia;
- viver atitudes libertadoras e transformadoras;
- fazer da própria vida um testemunho da Palavra de Deus.

Com a comunidade, podemos construir o projeto de Deus:
- iluminar as diversas situações da vida;
- compartilhar as lutas e os sonhos do povo;
- comprometer-se com a transformação da realidade.

Pressupostos da metodologia integral

Quanto aos recursos:
- os que são utilizados com crianças são igualmente eficazes com adultos, desde que estes aceitem "tornar-se crianças";
- incentivam o despojamento, a simplicidade e o resgate dos valores esquecidos na vida da maioria dos adultos. As duas expressões elementares da linguagem humana primordial são imagem-cor, movimento-ritmo. Todo recurso metodológico que partir desses elementos encontra sintonia e pode se tornar eficaz.

Quanto à experiência proposta:
A metodologia integral propõe que o conhecimento seja construído não só por meio do contato com o texto escrito, mas também da atualização da experiência. Para isso é indispensável:
- a memória partilhada e reverente da história, do conhecimento e da experiência de cada um dos participantes;
- o despojamento de preconceitos, a superação de barreiras e o engajamento nas atividades alternativas sugeridas, como encenações, danças, cantos, artes.

Recursos metodológicos

Para que a metodologia integral possa ser utilizada, a coleção "Bíblia em comunidade" propõe os seguintes recursos metodológicos:

a) Livros

Os livros da coleção trazem, além do conteúdo para estudo, as sugestões de metodologia de trabalho com os temas em foco. Podem ser utilizados de várias formas: em comunidade ou em grupo, em família ou individualmente.

1. Partilha comunitária
Pode-se reunir um grupo de pessoas, lideradas por alguém que tenha capacitação para monitorar a construção comunitária da experiência, a partir da proposta dos livros.

2. Herança da fé na família
Os livros podem ser utilizados na família. Adultos, jovens, adolescentes e crianças podem fazer a experiência sistemática de partilha da herança da fé, seguindo a metodologia sugerida nas reuniões, como se faz na catequese familiar.

Na modalidade de estudo em comunidade, em grupo ou em família, existem ainda duas opções:

- *Quando todos possuem o livro.* O conteúdo deve ser lido por todos, antes da reunião; nela se faz o mutirão da memória do que foi lido e o(a) líder coordena a síntese; depois se realiza o roteiro previsto nas sugestões metodológicas para o estudo do tema.

- *Quando só o(a) líder tem o livro.* Fica a cargo do(a) líder a prévia leitura e síntese do conteúdo, que será exposto ao grupo. Passa-se a seguir o roteiro previsto nas sugestões metodológicas para o estudo do tema.

3. Estudo pessoal dos livros
Embora a coleção dê ênfase ao estudo da Bíblia em comunidade, os livros podem ser utilizados também por pessoas que prefiram conhecê-la e estudá-la individualmente, seguindo os vários temas tratados.

b) Recursos visuais

Para que se realize a metodologia integral, são indispensáveis mapas, painéis e ilustrações, indicados nos roteiros de estudo dos temas, sempre que necessário. Os recursos seguem alguns critérios práticos:

- os mapas se encontram nos livros, para que as pessoas possam colori-los e visualizá-los;
- esses mapas foram reproduzidos em transparências para retroprojetor;
- outros recursos sugeridos nos roteiros podem ser produzidos segundo a criatividade do grupo.

Roteiro para o estudo dos temas

Os encontros para o estudo dos temas seguem um roteiro básico composto de quatro momentos significativos. Cada momento pode ter variantes, como também a sequência dos momentos e os recursos neles usados nem sempre são os mesmos. Os quatro momentos são:

1. Oração: conforme a criatividade do grupo.

2. Mutirão da memória: para compor a síntese do conteúdo já lido por todos ou para ouvir a exposição feita pelo(a) líder.

3. Partilha afetiva: memória e partilha de experiências pessoais que ilustrem os temas bíblicos que estão sendo trabalhados.

4. Sintonia com a Bíblia: leitura dos textos indicados, diálogo e síntese da experiência de estudar o tema e sua ressonância em nossa realidade. Cabe ao(à) líder mostrar os pontos essenciais do conteúdo. Quanto ao desenvolvimento, pode ser assessorado por equipes: de animação, de espiritualidade, de organização.

Cursos de capacitação de agentes para a pastoral bíblica

O Serviço de Animação Bíblica (SAB) oferece cursos de capacitação de agentes que desejam colaborar na formação bíblica em suas comunidades, paróquias e dioceses. Os cursos oferecem o aprofundamento dos temas a partir da coleção "Bíblia em comunidade" e a realização de atividades que possibilitem uma análise de conteúdos a partir das diversas linguagens de comunicação, como: vídeo, teatro, métodos de leitura bíblica e outros.

Introdução

Você tem em mãos o décimo terceiro livro da série "Visão global", do projeto "Bíblia em comunidade". Seu título "A fé nasce e é vivida em comunidade" é uma síntese do conteúdo.

O período da história abordado neste fascículo poderia chamar-se "fonte" para as comunidades cristãs de hoje, pois ele mostra como, após a ressurreição de Jesus, os apóstolos e os discípulos se organizaram em comunidades. As primeiras comunidades, em Jerusalém e na terra de Israel, começaram a espalhar a Boa-Nova do Evangelho por outras regiões, e, lentamente, o Cristianismo foi-se espalhando em forma de comunidades, semelhantes às nossas, hoje.

O conteúdo e a metodologia deste fascículo estão organizados em cinco blocos temáticos, cada um com um roteiro de reunião, para que o estudo da história da Bíblia possa iluminar e dar um novo sentido à nossa história e à nossa fé no tempo presente.

O primeiro tema, "Comunidades cristãs, ontem e hoje", apresenta as CEBs, comunidades eclesiais de base, que existem hoje na Igreja da América Latina e, particularmente, no Brasil. Compara as comunidades primitivas com as atuais e mostra que o modo como elas vivem é o mesmo de como os primeiros cristãos viviam a fé comunitária. As lutas e o objetivo são sempre iguais: construir o Reino de Deus enfrentando as dificuldades de ontem e de hoje, e dar testemunho da fé dentro da história.

O segundo tema, "Deus viveu nossa vida cotidiana", mostra que Jesus foi um ser humano igual a todos, mas posicionou-se perante a sociedade, a política, a família, a religião... e enfrentou as dificuldades e os preconceitos que existiam em sua época. No que, então, ele era diferente? Na revelação do projeto de Deus. A Ressurreição foi o selo que Deus colocou sobre a vida e a morte de Jesus, dizendo que o modo como ele viveu é a proposta de Deus para todas as pessoas. Pode-se ver que o rosto de Jesus não foi diferente dos rostos das pessoas do presente, que formam nossas comunidades.

"O Cristianismo é herdeiro da fé judaica" é o terceiro tema e faz um paralelo entre os costumes, práticas e leis de Israel e a nova visão de fé das comunidades cristãs. Os cristãos não se desligaram completamente do Judaísmo, ao contrário, são herdeiros da fé de Israel, mas interpretaram as Escrituras de forma diferente dos sábios judeus. Eles liam-nas à luz da fé em Jesus Cristo ressuscitado e encontraram nele o sentido pleno. Hoje, da mesma forma, somos herdeiros da fé de nossos antepassados, ainda que algumas expressões da fé sejam diferentes.

"A nova luz de Israel ilumina todos os povos" — o quarto tema — aborda a expansão da comunidade de Jerusalém. O novo modo de viver a fé e o testemunho dado pela comunidade geraram incompreensões entre os judeus, e muitos cristãos saíram da cidade para pregar o Evangelho em outras regiões. Isso fez com que a fé, que nasceu em Israel e encontrou seu sentido pleno em Jesus, fosse agora levada a todos os povos. Assim começou a dimensão missionária da Igreja, que existe até hoje.

O quinto tema, "A fé cristã tornou-se Boa Notícia", mostra que no Império Romano os escritores não cristãos escreveram sobre Jesus. No entanto, somente a experiência da fé vivida, compartilhada e escrita nas comunidades tornou-se Boa Notícia e Palavra de Deus. Hoje, também as comunidades cristãs escrevem para comunicar e compartilhar a fé. Esses escritos não pertencem à Bíblia, mas são Palavra de Deus pronunciada hoje em nossa história.

O estudo e a partilha em grupo sobre o conteúdo deste subsídio irá oferecer a você uma nova visão das origens da fé, e um sentido mais amplo e profundo da vida comunitária e da missão cristã no mundo de hoje e em sua vida pessoal.

1º tema
Comunidades cristãs, ontem e hoje

Um pequeno grupo de seguidores e seguidoras de Jesus deu início às comunidades cristãs na Judeia e Samaria. Era uma semente pequenina como o grão de mostarda, que cresceu e se tornou tal qual árvore frondosa que se estendeu pelo mundo. Hoje, entre nós, busca-se uma autenticidade cristã maior em meio às comunidades eclesiais de base.

Revendo o caminho feito

No estudo anterior, tivemos contato com o contexto da terra de Israel, no início do século I da Era Cristã. Analisamos a realidade sob o ponto de vista da economia, da estrutura social, política, cultural, religiosa e familiar do tempo de Jesus. Vimos como eram a organização do trabalho e do comércio; os diversos tipos de impostos; a distribuição das riquezas e da terra; o funcionamento do culto, a hierarquia sacerdotal, as festas litúrgicas; a composição do Sinédrio e o modo de organizar a família. Percebemos os diversos conflitos presentes na realidade do povo de Israel e a complexa relação entre os fatores determinantes da vida dessa nação inserida no Império Romano.

Vimos também a questão da expectativa messiânica: diante de toda a dureza da vida, que vinha desde os tempos da monarquia, o povo foi alimentando a esperança de um líder, um governante, um rei, que definitivamente garantisse a realização dos seus sonhos mais profundos de liberdade, de paz, de justiça e de prosperidade. Essa expectativa estava mais viva do que nunca no início do século I de nossa era. Foi justamente nessa época que Jesus de Nazaré nasceu e viveu. Ele foi apresentado como o Messias que veio libertar o povo de todas as formas de escravidão: econômica, social, política, religiosa e espiritual.

É nesse mesmo contexto da terra de Israel que devemos situar Jesus de Nazaré e as pessoas que estão no início do Segundo Testamento: Zacarias e Isabel, o profeta João Batista, José e Maria, Simeão e Ana. Aí se encontram também os primeiros discípulos que começaram a acompanhar Jesus na Galileia: Pedro e André, Tiago e João, Maria Madalena, Maria de Cléofas e os demais. Nos anos que seguiram à morte e ressurreição de Jesus, a terra de Israel passou por mudanças radicais, sobretudo do ponto de vista político. Isso influenciou profundamente a vida das primeiras comunidades cristãs.

Neste estudo, vamos aprofundar os acontecimentos que envolveram a vida de Jesus e a de seus primeiros seguidores, desde que começou seu ministério, no ano 27, e a vida das primeiras comunidades cristãs da Judeia e Samaria. Os inícios remontam ao grupo formado por homens e mulheres que acompanharam Jesus desde a Galileia. Ele se firmou em Jerusalém. Era o embrião da Igreja. Por volta do ano 30, após a ressurreição de Jesus,[1] esse embrião cresceu rápido, com a adesão de muita gente devido à pregação dos apóstolos, tornando-se a comunidade-mãe. De Jerusalém partiram os primeiros missionários para as outras regiões da terra de Israel e também para as outras nações dentro do Império Romano.

A comunidade-mãe de Jerusalém exerceu o papel de centro espiritual, missionário e coordenador das comunidades até o ano 70. Neste ano, os romanos atacaram Jerusalém e a dominaram, pondo fim a uma rebelião judaica que havia tentado proclamar a independência de Israel perante o Império Romano. Eles destruíram o Templo e transformaram a Judeia em província romana. Foi um tempo de muitos conflitos, e isso provocou a fuga e a dispersão dos cristãos para outras regiões do Império. Dessa forma, o trabalho missionário dos primeiros apóstolos, já iniciado desde os anos 30, ganhou força, fazendo crescer as comunidades da "diáspora", isto é, da dispersão. No próximo estudo veremos o que aconteceu com elas no mesmo período de tempo, de 27 a 70 E.C.

As Comunidades Eclesiais de Base no Brasil

Olhando a realidade

Nas décadas de 1960 e 1970, o Brasil viveu o período mais sombrio de sua história política: o golpe militar de 31 de março de 1964 punha fim às liberdades civis, restringia os direitos dos cidadãos e instaurava a repressão e a tortura. Iniciava-se a Ditadura Militar. O País esperou 20 anos para restabelecer a ordem democrática no governo. Mas a troca de um governo

---
[1] Para verificar a data da morte e ressurreição de Jesus, cf. o 2º tema.

militar para um civil não representou ainda a total democratização do País. A simples mudança de regime político não significou mudanças também nas outras áreas sociais, que garantissem uma melhoria real da qualidade de vida do povo brasileiro.

O setor da economia, por exemplo, foi o mais indicativo da distância que a nação teve de percorrer para ser verdadeiramente livre, democrática e desenvolvida. Apesar dos avanços tecnológicos de que o País já dispõe, utilizamos ainda um sistema agrícola rudimentar, na base da enxada, das queimadas e derrubadas de imensas áreas de florestas nativas. Aproximadamente 70% da população vive em cidades, enquanto o País possui milhões de hectares de terras férteis totalmente improdutivas. A indústria brasileira não tem e nunca terá condições de absorver a mão de obra que foge do campo, mesmo porque o incremento da tecnologia na indústria tem substituído muitas ofertas de emprego. Além disso, as chamadas "leis do mercado" acabam estrangulando as empresas, obrigando-as sempre mais a tornar-se "competitivas", isto é, a gerar um produto de qualidade com custo baixo. Dentro desta lógica, quem sempre "sobra" nas contas é o povo trabalhador. É ele que sente o amargo dos salários baixos, da falta de garantias e do desemprego.

A alta concentração de terra e de riqueza nas mãos de poucos faz do Brasil um país com uma das distribuições de renda mais desiguais do mundo: apenas 10% da população fica com a maior parte do "bolo", enquanto a maioria tem de se contentar com as migalhas. O resultado é o aumento da pobreza e da miséria do povo, com o consequente agravamento dos conflitos sociais que as acompanham: fome, doença, deseducação, violência, perda dos valores éticos e do sentido da vida.

A Igreja é povo que caminha na história

No contexto de desigualdade, a Igreja tem o papel fundamental de se colocar ao lado dos mais necessitados e ajudar a nação a encontrar o caminho da liberdade e da justiça. Sempre que ela se pôs junto do poder político e econômico, deixou de ser instrumento do Reino de Deus para ser manipulada a favor da ideologia dominante, que oprime o povo. Sempre que se omitiu de intervir nas questões fundamentais que mexem com a vida da população, como a política, a economia e as estruturas sociais injustas, a Igreja tornou-se alienada e alienante, propondo uma religião que só cuida do "espiritual" e que vive na superficialidade do Evangelho ou no sentimentalismo pouco comprometedor.

No decorrer da história da Igreja, no Brasil, as Comunidades Eclesiais de Base (CEBs) nasceram e cresceram na esteira da busca de fidelidade à genuína missão das Igrejas junto ao povo, e são formadas por muitos cristãos denominados de diversas formas: leigos, consagrados e membros da hierarquia católica. Essa missão foi definida no Concílio Vaticano II, com o intuito de transformar a sociedade, a partir do fermento do Evangelho. A Igreja deve ir ao encontro do mundo para evangelizá-lo, em vez de se isolar dele ou simplesmente condená-lo. Essa nova compreensão da missão da Igreja ganhou, no Brasil e na América Latina, contornos próprios.

Diante da alarmante situação de injustiça social neste continente, a Igreja não poderia continuar omissa sem trair sua vocação evangélica. Começou, então, a organizar o exercício de sua missão libertadora nas estruturas sociais, políticas, econômicas e culturais dominadas por uma minoria, que mantinha o sistema secular de opressão do povo desde a "descoberta" de Colombo, em 1492.

As duas rodas da missão da Igreja no Brasil

A organização da Igreja, a partir do eixo da libertação, teve seu lado oficial com as conferências do episcopado latino-americano realizadas em Medellín, na Colômbia, em 1968; em Puebla, no México, em 1979; e em Santo Domingo, na República Dominicana, em 1992. Em Aparecida, no Brasil, a V Conferência do Episcopado Latino--Americano e Caribenho, em maio de 2007. O Brasil, especificamente, contou com a estruturação, cada vez mais clara, da Conferência Nacional dos Bispos do Brasil (CNBB), em torno das grandes questões políticas, econômicas e sociais que se têm destacado nos seus documentos. Mas a história da Igreja também é feita de gente simples, da base das comunidades concretas, na qual se tenta traduzir em vivência comunitária a proposta de Jesus de Nazaré.

O outro lado do eixo da libertação, que sustenta as rodas da missão da Igreja, são essas milhões de pequenas comunidades, bem situadas no contexto econômico, político, social, cultural e religioso do povo, sobretudo dos empobrecidos. Elas são chamadas Comunidades Eclesiais de Base porque é aí, na base da pirâmide social, que se encontram os pobres, os destinatários privilegiados do Evangelho de Jesus: "o Espírito do Senhor [...] me ungiu para evangelizar os pobres" (Lc 4,18; Mt 11,5).

Teologia da Libertação: voz de Deus na fé do povo

As Comunidades de Base não foram projetadas nos escritórios das conferências episcopais, nem nas sacristias das paróquias. Nasceram, sim, do esforço dos cristãos leigos, da base da Igreja, para ligar o Evangelho à realidade concreta de suas vidas, às suas lutas e aspirações. De fato, os mesmos pobres aos quais se destina a missão da Igreja, na nova compreensão conciliar, são também os que vivem a fé nas pequenas comunidades da roça e das periferias das cidades, e frequentam, a maior parte, as igrejas nos fins de semana; atuam nos diversos movimentos, grupos e pastorais da Igreja. Por isso, são também os agentes da evangelização. Assim a Igreja se faz, nas CEBs, não só para os pobres, mas também dos pobres.

Elas são portadoras da força libertadora do Evangelho de Jesus Cristo. Essa reflexão, que brotou da prática libertadora do povo de Deus oprimido, chama-se Teologia da Libertação. Ela, ao mesmo tempo, realimenta a prática das CEBs, fornecendo-lhe critérios teológicos para reler toda a realidade nos seus diversos ângulos: econômico, político, social, cultural, religioso, espiritual etc.

Diante da situação em que nosso país se encontra (e por que não dizer, no Terceiro Mundo?), as CEBs continuam sendo a melhor resposta aos desafios que o mundo de hoje impõe à Igreja, na busca de vivência do Evangelho. Mas elas concorrem com aquelas organizações eclesiais que ainda insistem numa visão mais espiritualista da missão da Igreja, desligada das lutas concretas do povo. Além disso, as CEBs têm também contra si a perseguição dos que não querem mudanças sociais na ordem das coisas. Não é por acaso que elas se parecem muito com as comunidades do início da Igreja, nos primeiros séculos do Cristianismo. Qualquer semelhança nos contextos e na compreensão da missão da Igreja entre elas, não é mera coincidência.

A política romana na terra de Israel do século I E.C.

Para situar-nos melhor no contexto histórico em que nasceram e se desenvolveram as primeiras comunidades cristãs da terra de Israel, é importante retomar alguns aspectos da política adotada pelos imperadores romanos para a região. Estes mantinham um controle rigoroso sobre a terra de Israel, por meio das autoridades locais constituídas por eles. Essa política teve maior ou menor influência, tanto na atividade pública de Jesus quanto na vida das primeiras comunidades. Em síntese, segue uma resenha da atuação mais significativa de cada imperador e alguns fatos políticos da época e suas consequências para as comunidades.

Mãos de ferro de Israel

Otaviano: conseguiu impor-se como cônsul absoluto em 31 a.E.C., e a partir do ano 27 passou a se chamar César Augusto, assumindo o título de imperador. Ele governou até 14 E.C. Confirmou o reinado de Herodes Magno sobre a Galileia, a Samaria, a Judeia, a Idumeia e, posteriormente, estendeu-o também à Traconítide, à Bataneia, à Auranítide e ao distrito de Paneias. Mandou realizar um recenseamento no Império (Lc 2,1), obrigando os judeus a se alistar em suas cidades de origem. Estabeleceu, ainda, a política da *pax romana*, segundo a qual toda rebelião e desordem deviam ser sufocadas pela repressão militar, eliminando-se os adversários. Herodes Magno adotou, na terra de Israel, essa política repressora (Mt 2,1-12).

Augusto confirmou os filhos de Herodes Magno no poder, após a morte deste no ano 4 a.E.C.: Arquelau como etnarca da Idumeia, Judeia e Samaria, até 6 E.C. (Mt 2,22); Herodes Antipas como tetrarca da Galileia e da Pereia, até 39 E.C. (Mt 14,1; Lc 3,1; 23,7-12); e Filipe como tetrarca da Gaulanítide, Bataneia, Traconítide e Auranítide, bem como do distrito de Paneias ou Itureia, até 34 E.C. (Lc 3,1; Mt 14,3). No ano 6 E.C. depôs Arquelau e transformou a Idumeia, Judeia e Samaria em província romana, governada por um procurador, com sede em Cesareia Marítima (6-41 E.C.).

Tibério César (14-37 E.C.): era filho adotivo de Augusto. Nomeou Pilatos prefeito da Judeia e da Samaria, cargo que ocupou de 26 a 36 (Lc 3,1). No décimo quinto ano de seu reinado (ano 27), João Batista começou sua pregação (Lc 3,1-3) e, nesse mesmo ano, Jesus iniciou seu ministério (Lc 3,22-23). Pilatos foi o responsável romano pela condenação de Jesus ao suplício da cruz, no ano 30 (Lc 23,24-25). Conforme o Evangelho de João, Tibério teria influenciado indiretamente na morte de Jesus (Jo 19,12-16).

Calígula (37-41 E.C.): sobrinho de Tibério, sucedeu-o no trono romano. Conhecido pela sua pretensão, identificava-se com todos os deuses do panteão greco-romano. Era amigo dos soberanos helenistas. No ano 37 nomeou Herodes Agripa I com o título de rei (37-44), governando inicialmente sobre duas tetrarquias na terra de Israel. No ano 38 nomeou Petrônio como legado da Síria, com o encargo de erigir, no Templo de Jerusalém, a estátua do imperador para ser cultuada. No ano 39, ele depôs Herodes Antipas e o desterrou para a França. Logo depois, no ano 41, Calígula foi assassinado.

Cláudio (41-54 E.C.): era tio de Calígula e, contrariamente a este, destacava-se por sua honra e prudência. Recebeu o apoio de Agripa I para chegar ao trono. Ele informava-se da situação das províncias, e, quando soube que os judeus haviam resistido diante da tentativa de Calígula de impor-lhes o culto ao imperador, dispensou-os dessa obrigação. No ano 49 expulsou os judeus de Roma, por causa das contendas entre eles e os cristãos, "por instigação de Crestos", segundo o historiador Suetônio. Informação confirmada pelo livro de Atos (At 18,2). Nele, Agripa I é chamado só pelo seu primeiro nome, Herodes (Atos 12,1.6.19.21).

Nero (54-68 E.C.): acrescentou ao reino de Agripa II, filho de Agripa I, uma parte da Galileia e da Pereia, no ano 55. Tornou-se tão tirano quanto Herodes, o Grande, eliminando os que se opunham a seu governo. No ano 64 desencadeou a primeira perseguição sistemática aos cristãos em todo o Império. Acusou-os de terem causado o incêndio que destruiu dois terços da cidade de Roma. O historiador Tácito detalhou em seus escritos os suplícios que Nero aplicou aos cristãos. No seu tempo, provavelmente entre os anos 63 e 67, os apóstolos Pedro e Paulo sofreram o martírio em Roma.

O livro do Apocalipse aplicou a Nero o número da besta por causa de sua perseguição aos cristãos (Ap 13,12.18). Nos anos 66 e 67, Nero, simpatizante da cultura grega, saiu em um circuito teatral pela

Grécia, enquanto era deflagrado o movimento revolucionário nacionalista na terra de Israel. Confiou, então, a seus generais Vespasiano e seu filho Tito a missão de reprimir as rebeliões e restabelecer a ordem na região. Nero suicidou-se em junho do ano 68, pondo fim à dinastia dos Césares, que dominou o Império Romano por 116 anos (de 48 a.E.C. a 68 E.C.). Teve início, então, a dinastia dos Flávios, que ficou no poder de 69 a 96 E.C.

Tito Flávio Vespasiano (69-79 E.C): depois de tomar a Galileia e preparar a tomada de Jerusalém, venceu a disputa pela sucessão de Nero no trono de Roma, superando os outros concorrentes, que ficaram pouco tempo no poder: Galba (68), Otônio (69) e Vitélio (69). Seu filho Tito, depois de longo cerco a Jerusalém, conseguiu vencer os rebeldes judeus no ano 70. A Judeia voltou a ser província romana.

Nesse contexto político viveram as primeiras comunidades cristãs, da diáspora e da Judeia, que tinham em Jerusalém seu centro de referência e ponto inicial de partida de missionários.[2]

Comunidades cristãs da terra de Israel: a fé compartilhada

Uma das primeiras providências tomadas por Jesus, logo que começou o seu ministério, por volta do ano 27, foi reunir algumas pessoas para com elas formar uma comunidade de convivência e partilha (Mt 4,18-22; Mc 1,16-20; Lc 5,1-11; Jo 1,35-51). Por isso, podemos dizer que a primeira comunidade cristã foi a de Jesus com seus discípulos, entre os quais estavam os Doze apóstolos, os outros companheiros e as mulheres que o seguiam (Lc 8,1-3).

Com a morte de Jesus, todos se dispersaram, com medo ou desiludidos.[3] Somente depois da

---

[2] O autor do livro de Atos apresenta o desenvolvimento da missão cristã e o crescimento de novas comunidades de uma forma linear, que vai de Jerusalém, passando pelos centros da Cesareia Marítima, Antioquia da Síria, Éfeso, Tessalônica, Corinto, até chegar a Roma. Essa expansão missionária progressiva teve seu início em Jerusalém, passou pelas cidades mais importantes e chegou ao coração do Império. Atos não traz a expansão missionária na parte Oeste, nem uma possível missão de Pedro e dos demais apóstolos fora da terra de Israel. Isso nos faz pensar que o autor de Atos não estava interessado em oferecer uma monografia histórica sobre as origens cristãs nos primeiros 30 anos após a ressurreição de Jesus. Mas se preocupou em inserir, na sua obra, as lembranças e as tradições históricas, dentro de uma moldura teológica, para dar-lhes uma unidade e mostrar, ao mesmo tempo, a continuidade da missão fora da terra de Israel, como o Israel do tempo das promessas e do tempo de Jesus, ao qual estão ligados os apóstolos, suas testemunhas oculares. O autor quer sublinhar a unidade do desígnio salvífico de Deus na história, prometida no Primeiro Testamento, realizada plenamente em Jesus e que se prolonga agora na Igreja. A unidade e a continuidade histórico-salvífica são garantidas pela ação do Espírito Santo, dom do Ressuscitado aos fiéis pelo anúncio autorizado dos que "foram testemunhas oculares e [...] ministros da palavra" (Lc 1,2). Por isso, ao seguirmos a sequência dos lugares elencados no livro de Atos, na expansão missionária, nossa intenção é evidenciar os lugares com os seus respectivos fatos, sem fazer interpretações teológicas sobre as narrativas, nem uma leitura crítica sobre os fatos e os textos, o que faz parte da segunda série do Projeto "Bíblia em comunidade", as "Teologias bíblicas".

[3] Cf. Mt 26,31.56; Mc 16,10-11; Lc 23,49; 24,21.

Ressurreição os discípulos se reuniram de novo, convocados pelo próprio Senhor ressuscitado, para dar continuidade à missão de formar uma comunidade.[4] Segundo Atos, o primeiro centro irradiador dessa experiência que começou na Galileia é Jerusalém (At 1,4.12; 2,5). O Cristianismo sob o aspecto de "movimento de Jesus" teve seu início na Galileia. A primeira comunidade pós-pascal, segundo Lucas, reuniu-se em Jerusalém de onde partiu para anunciar a Boa-Nova "a todas as nações" (At 1,8; Lc 24,47). Assim, a primeira comunidade cristã pós-pascal de Jerusalém, impulsionada pelo Espírito Santo, no dia de Pentecostes, manifestou-se como força missionária de comunicação da Boa-Nova (At 2,1-4.38-39).

Não demorou muito e, com o trabalho missionário desse grupo, a experiência cristã expandiu-se para fora da cidade e até mesmo da Judeia, como veremos no próximo volume. Nasceram, assim, as comunidades judeu-cristãs da Samaria, antes da Galileia e da Filisteia (At 8,4-8.26.40; 9,31-32). Ao mesmo tempo, o trabalho missionário dos apóstolos, dos sete diáconos judeus e gregos e dos novos convertidos levou para fora da terra de Israel a experiência da fé cristã. Assim nasceram as comunidades da "diáspora", isto é, de fora da terra de Israel. Elas começaram na Síria e na Ásia (atual Turquia), mas depois se expandiram para a Grécia, a Macedônia e a Itália,[5] sobretudo com o trabalho evangelizador de Paulo. Essas comunidades começaram a acolher também os pagãos, isto é, os que não tinham origem judaica. Eles abraçaram a fé em Cristo. Assim as comunidades cresceram e se expandiram rapidamente dentro do Império Romano.

Vamos acompanhar esse processo de crescimento, que pode ser dividido em duas fases: a primeira, de 27 a 41 E.C., marcada pelo entusiasmo do início e fortemente ligada à experiência de Jesus, de quem a maioria dos primeiros cristãos foi contemporânea. E a segunda, de 42 a 70 E.C., é marcada pela perseguição e pelo martírio, que resultaram na dispersão dos cristãos. Isso, porém, serviu para a expansão do Cristianismo fora da terra de Israel.

---

[4] Cf. Mt 28,7.10.16.19; Lc 24,45-48; Jo 20,21; 21,1-19.
[5] Cf. At 9,2.10.19b; 11,19-20; 13,4.13; 14,1 etc.

Roteiro para o estudo do tema

1. Oração inicial
Conforme a criatividade do grupo.

2. Mutirão da memória
Compor a síntese do conteúdo já lido por todos no subsídio. Caso as pessoas não tenham o subsídio, ficará a cargo do(a) líder expor a síntese.

Recurso visual
Reunir fotografias de momentos importantes da comunidade cristã, ou das várias comunidades a que o grupo pertence: trabalhos pastorais realizados, confraternizações, celebrações litúrgicas especiais, grupos que integram a comunidade etc. Todos olham as fotografias e comentam o que cada uma representa.

3. Partilha afetiva
Em pequenos grupos ou em plenário, dialogar: a Igreja é constituída por pequenas comunidades de pessoas ligadas por vínculos de amizade, amor, cultura, vizinhança, convivência, trabalho e fé.

- Como começou esta comunidade ou estas comunidades a que pertencemos?
- Quais foram as primeiras pessoas que a fundaram?
- Que tipo de trabalho foi feito no começo?
- E, hoje, quais são as necessidades do povo deste lugar?
- As atividades pastorais da comunidade respondem a essas necessidades?

4. Sintonia com a Bíblia
Ler At 2,41-47.

As primeiras comunidades cristãs viviam em comunhão, no conhecimento da Palavra, na oração e na partilha dos bens. Assim, era um testemunho transformador dentro da situação injusta do Império Romano.

Diálogo de síntese

- As Comunidades Eclesiais de Base têm alguma semelhança com as primeiras comunidades cristãs?
- A comunidade da qual participamos está a serviço da comunhão fraterna, da oração, da partilha e da transformação da sociedade?
- De que forma vivemos a solidariedade e a justiça para com os mais necessitados?
- Podemos fazer alguma coisa nova, que a comunidade ainda não faz?

Lembrete: para a próxima reunião, trazer estampas e ilustrações de Jesus, e também ilustrações de pessoas do povo, atuais: pessoas felizes, tristes, sofredoras, jovens, anciãs etc.

2º tema
Deus viveu nossa vida cotidiana

Jesus nasceu numa família judia. Seguiu as tradições culturais e religiosas dessa cultura. Não foi indiferente e acomodado diante da situação econômica, social, religiosa, política e familiar do seu tempo. Ele se posicionou à luz da missão que recebeu de Deus.

Entusiasmo e dificuldades do início

João Batista: o precursor do Messias

Lucas situa a pregação de João Batista no "décimo quinto ano do império de Tibério César" (Lc 3,1). De acordo com a datação mais aceita entre os historiadores, este imperador teria assumido o trono romano em 19 de agosto do ano 14 E.C. Esteve à frente do Império até o ano 37, quando morreu. Seguindo a maneira romana de contar os anos, o "décimo quinto ano do império de Tibério" seria de 19 de agosto do ano 28 a 18 de agosto do ano 29. Mas, seguindo a maneira Síria, a contagem do ano começa em setembro/outubro; então, o "décimo quinto ano do império de Tibério" teria-se iniciado em setembro/outubro[1] do ano 27, e se concluído em agosto/setembro de 28. Esta parece ser a maneira adotada por Lucas.

João Batista teria, portanto, começado seu ministério no ano 27. Sua pregação tinha o caráter exortativo dos antigos profetas, apelando à conversão sincera. A ação de batizar, isto é, mergulhar nas águas do Jordão, era o rito penitencial que João realizava como sinal externo dessa conversão. Os banhos rituais para purificação já eram muito conhecidos e praticados em Israel. Mas o cumprimento desse "batismo" ritual não constituía, por si só, a verdadeira conversão. Era, sobretudo, a prática da justiça que manifestava a conversão. Esta sempre foi a mais genuína tradição da pregação profética em Israel, no Primeiro Testamento. Apresentar frutos de justiça era o sinal requerido por João como preparação para acolher o tempo novo do Messias que estava chegando (Mt 3,2.8; Lc 3,10-14).

João Batista precisou se posicionar profeticamente diante de um fato alarmante em sua época: Herodes Antipas tinha tomado por mulher sua cunhada Herodíades, casada com Filipe, seu irmão por parte de pai. O profeta condenou

---

[1] O primeiro mês do ano no calendário sírio começa em meados de setembro e vai até meados de outubro.

esse adultério e, por isso, no começo do ano 29, Herodes o prendeu em Maqueronte,[2] conforme nos informa Josefo. Certa ocasião em que dava uma festa para seus dignitários, atendendo ao pedido de Herodíades, Herodes mandou decapitar João Batista na prisão (Mt 14,3.10). Assim, João selava, com o martírio, sua missão de verdadeiro profeta de Deus. Isso dava autoridade à sua pregação e credibilidade ao conteúdo de sua mensagem: "Vem aquele que é mais forte do que eu [...]; ele vos batizará com o Espírito Santo e com o fogo" (Lc 3,16).

Jesus de Nazaré: o Messias controvertido

"Naqueles dias, que Jesus veio de Nazaré da Galileia e foi batizado por João no rio Jordão" (Mc 1,9). Até aqui, Jesus não se tinha manifestado abertamente ao povo como "enviado de Deus". Seus trinta e poucos anos de vida passaram no mais absoluto cotidiano de um cidadão judeu comum. Em Nazaré, ele vivia com a família (Lc 2,39.51); trabalhava, provavelmente, como carpinteiro (Mc 6,3); frequentava a sinagoga, onde aprendia a história do povo pelas Escrituras (Lc 4,16); percebia a situação política, econômica, social e religiosa de sua gente (Lc 2,40.52). Essa vivência "encarnada" de Jesus, na vida do seu povo, deu-lhe, de um lado, as condições históricas necessárias para que pudesse compreender e realizar sua missão.

Sem essa compreensão, Jesus seria realmente um alienado, um visionário. Mas, de outro lado, acabou sendo empecilho para a sua aceitação como Messias por parte dos que esperavam "algo diferente", que não fosse tão "igual aos demais" (Lc 4,22-29; Jo 1,46).

Quando podemos situar o início do ministério público de Jesus? Temos três caminhos para chegar a uma data mais ou menos exata:

De acordo com Lc 3,23, "Ao iniciar seu ministério, Jesus tinha mais ou menos trinta anos". Esta referência de Lucas "é aproximativa e talvez apenas sublinhe que Jesus tinha a idade requerida para exercer missão pública".[3] Já é tradicional entre nós, hoje, dizer que Jesus nasceu no ano 1 e morreu no ano 33. Assim, ele morreu aos 33 anos de idade. Isso decorre de uma conta simples: Jesus começou seu ministério após o Batismo, aos 30 anos; conforme o Evangelho de João, teria ido três vezes a Jerusa-

---

[2] Região localizada na margem leste do Mar Morto, na Transjordânia, ao sul da Pereia, e sob a autoridade de Herodes Antipas.
[3] Cf., na Bíblia de Jerusalém, nota a Lc 3,1.

lém, na festa da Páscoa (Jo 2,13; 6,4; 11,55 ou 12,12); ainda conforme João, Jesus morreu na terceira ida a Jerusalém, quando tinha, portanto, 33 anos. Mas esta operação dá outro resultado, se levarmos em conta o erro do cálculo feito pelo monge Dionísio. Jesus, na verdade, teria já 33 ou 34 anos quando foi batizado por João, no ano 27. Essa idade condiz com a informação de Lc 3,23: ele tinha aproximadamente 30 anos.

Uma outra forma de se chegar à época mais exata do início da pregação de Jesus, é conciliar a informação de Lucas 3,1 com João 2,20. Lucas fala que João Batista começou seu ministério "no décimo quinto ano do império de Tibério". Este seria o ano 27, como já vimos. João apresenta a discussão entre as autoridades do Templo e Jesus, por causa da expulsão dos vendilhões, no primeiro ano do seu ministério. As autoridades alegavam que já tinham decorrido 46 anos da construção do Templo. Na verdade, eles referiam-se às reformas de ampliação iniciadas por Herodes Magno, em 19 a.E.C. Portanto, o episódio narrado por João deve ter ocorrido na Páscoa do ano 28. Isso confirmaria que Jesus teria começado seu ministério público entre os anos 27 e 28.

A terceira opção é ainda baseada no Evangelho de João. Conforme este evangelista, Jesus teria ido a Jerusalém três anos consecutivos para as festas judaicas. No primeiro ano era a Páscoa, quando teria acontecido o confronto de Jesus com as autoridades do Templo de Jerusalém, por causa da expulsão dos vendedores (Jo 2,12-20). No segundo ano, poderia tratar-se da festa de Pentecostes (Jo 5,1), ou mesmo das Tendas (Jo 7,2). Em ambos os casos, Jesus ensinou publicamente no Templo, causando muita controvérsia entre os ouvintes. No terceiro ano, era de novo a Páscoa (Jo 11,55). Foi desta vez que Jesus foi crucificado. João assinala que Jesus morreu às vésperas do grande sábado, isto é, a Páscoa dos judeus (Jo 19,14.31). Essa festa devia ser celebrada sempre na passagem do dia 14 para o dia 15 do mês de nisã (cf. Ex 12,1-14). Esse dia caiu num sábado no ano 30 e, depois, no ano 33.

Os biblistas se dividem ao determinar em qual destas duas datas teria acontecido a morte de Jesus. No ano 33 Jesus estaria com 39 ou 40 anos de idade, e isso supõe que ele tenha exercido seis anos de ministério. Seria um tempo muito longo. Os Evangelhos sinóticos falam, de fato, em um tempo bem mais curto: Jesus teria ido a Jerusalém, durante seu ministério, uma só vez.[4] Isso reforça a tese de que o ministério de Jesus tenha sido muito breve, tornando mais provável a sua morte na Páscoa do ano 30, e não na de 33. Jesus teria morrido, então, com 36 ou 37 anos de idade. Se aceitarmos, portanto, o ano 30 como ano da morte de Jesus, então o início de seu ministério poderia ter sido no ano 27, seguindo a opinião de João, ou no ano 29, seguindo a opinião dos sinóticos.

A postura de Jesus diante da situação de seu tempo

Na situação econômica e social

Jesus nasceu pobre entre os pobres e, segundo a tradição cristã, em Belém, onde nem teve berço para repousar (Lc 2,7). Durante sua vida, em Nazaré, trabalhou com as próprias mãos, como carpinteiro (Mc 6,3). Suas origens humildes, porém, não faziam dele um desinformado da situação de seu povo. Ao contrário, Jesus conheceu profundamente a sociedade de seu tempo.[5] Tinha consciência das coisas, das relações de poder e da exploração. Viveu a diversidade da situação econômica com suas implicações sociais. Nas parábolas, ele valorizou as diversas profissões da época: os camponeses, os pastores, os pescadores, os vinhateiros, os comerciantes e até os escravos.

A opção pelo ministério itinerante, como mestre pregador, fez Jesus situar-se na classe dos mais pobres, dos despossuídos. Chegou a dizer que "não tinha uma pedra onde reclinar a cabeça" (cf. Mt 8,20). Morava com outras pessoas, com aqueles que o acolhessem (Mc 1,29; 2,1; Lc 10,38; 19,5). Dependia financeiramente da ajuda de outros, especialmente de um grupo de mulheres que o seguiam (Lc 8,1-3). As contribuições espontâneas dessas pessoas iam para a caixa comum, da qual se tiravam esmolas para os mendigos, mas que devia servir também para o sustento do grupo (Jo 12,6). Vivia sempre junto dos mais humildes e frequentava os mesmos lugares que eles. A única vez em que entrou em um palácio real foi quando o levaram a Herodes, na paixão. Aí ele foi humilhado e ridicularizado (Lc 23,11).

A situação econômica de Jesus o colocava, obviamente, no lado social dos pobres, sobretudo a partir de sua opção de ser pregador ambulante. Identificou-se sempre mais com os excluídos da sociedade: os porta-

---

[4] Mt 21,10; Mc 11,11; Lc 19,41.

[5] O acesso ao Jesus histórico é filtrado, inevitavelmente, pela lente do evangelista, retratando muitas vezes uma problemática do seu tempo, e não do tempo de Jesus.

dores de deficiências físicas como cegos, surdos, mudos, paralíticos; os portadores de doenças psicológicas, que eram considerados como endemoninhados; as pessoas prostituídas, os hansenianos e os cobradores de impostos, considerados ladrões. Nesse contexto, ele encontrou sempre mais nos pobres o apoio ao seu trabalho e viu na aceitação de sua mensagem por eles a realização da missão. Por isso, Jesus proclamou "bem-aventurados os pobres" (Mt 5,3; Lc 6,20-21) e exultou de alegria ao perceber que os "pequeninos" (os pobres que se tornaram discípulos) são os depositários dos segredos do Reino do Pai (Lc 10,21).

Por outro lado, suas críticas aos ricos e à riqueza em geral foram as mais contundentes já ouvidas: "Como é difícil aos que têm riquezas entrar no Reino de Deus! [...] é mais fácil um camelo entrar pelo buraco de uma agulha do que um rico entrar no Reino de Deus!" (Lc 18,24-25); "Ai de vós, ricos, porque já tendes a vossa consolação!" (Lc 6,24); "Esta pobre viúva lançou mais do que todos [os ricos], pois todos aqueles deram do que lhes sobrava para as ofertas; esta, porém, na sua penúria, ofereceu tudo o que possuía para viver" (Lc 21,1-4).

O ensinamento de Jesus sobre a riqueza e a pobreza não deixa sombra de dúvida: ele via nesta primeira um grande empecilho para se estabelecer o Reino de Deus nesta terra. Chegou a afirmar: "não podeis servir a Deus e ao dinheiro" (Mt 6,24). Mas nem por isso Jesus deixou de apostar na conversão dos ricos: "olhou com amor" para o jovem rico, propondo-lhe a conversão para o despojamento e a solidariedade (Mc 10,21); pediu hospedagem na casa de Zaqueu, o chefe dos publicanos, onde, depois de ver a sua conversão para a justiça e a partilha, declarou: "Hoje a salvação entrou nesta casa" (Lc 19,1-10). Aceitou pessoas da classe mais rica entre seus discípulos: as mulheres que o serviam com seus bens, especialmente Joana, mulher de Cuza, procurador de Herodes (Lc 8,3); José de Arimateia e Nicodemos, que eram membros do Sinédrio, representantes da aristocracia leiga (Lc 23,50-51; Jo 19,38-39). O túmulo de Jesus parece ter sido propriedade de José de Arimateia, segundo Mt 27,59-60.

Incluem-se aí, também, Mateus e Zaqueu, que eram cobradores de impostos e geralmente se enriqueciam com a fraude. Todos eles, porém, acabaram fazendo a opção pelo despojamento proposto e vivido por Jesus. Além de se situar dentro do círculo dos pobres e dos excluídos, Jesus rompeu, também, os círculos da segregação dos puros e impuros. Seu modo de agir questionou os que se consideravam a si mesmos "puros", ao passo que se aproximou mais dos considerados "impuros", a começar por sua própria origem na Galileia, a qual era uma região desprezada pelos judeus (Jo 1,46; 7,41.52). Manteve contato respeitoso com os pecadores: conversava com eles, comia na casa deles. O melhor exemplo são os publicanos Levi (Mateus) e Zaqueu, considerados pecadores, com quem Jesus foi hospedar-se (Mt 9,9-13; Lc 19,7).

Os pagãos também foram acolhidos por Jesus, que chegou a reconhecer que nem em Israel ele encontrou tanta fé como a de um centurião romano que lhe pedira, confiante, a cura de um servo (Lc 7,1-10; Mt 8,5-13). Além disso, Jesus anulou a prescrição farisaica de se lavar depois de tocar em coisas provenientes dos pagãos, como os alimentos dos mercados, pelo receio de se contaminar. Ele considerou isso uma inutilidade, pois, para ele, o que contamina o ser humano e o torna impuro é o que vem de dentro, do coração, e não o que entra pela boca (Mc 7,1-23). Surpreendeu até os discípulos por sua liberdade em aproximar-se das mulheres, valorizando-as e acolhendo aquelas consideradas pecadoras (Jo 4,7-42; Lc 7,36-50). Jesus rompe com as barreiras sociais e é corajoso diante dos poderosos do seu tempo.

Na situação política

Jesus não se alienou diante da dominação romana sobre o povo de Israel. Foi crítico com relação a Herodes, a quem chamou de "raposa", e não se deixou intimidar pela ameaça que ele lhe fez (Lc 13,31-33). Teve uma postura crítica também perante o Sinédrio, seja quando questionado sobre sua autoridade (Lc 20,2-8), seja quando de seu julgamento, na paixão (Lc 22,66-71; Jo 18,19-23). Não teve medo de falar o que pensava sobre as autoridades judaicas por meio da parábola dos vinhateiros homicidas (Lc 20,9-19). Apesar de seu silêncio ante algumas perguntas de Pilatos, representante do poder romano, soube posicionar-se, com coragem e independência, diante do poder representado pelo governador (Jo 18,33-38). Na questão do imposto a César, sua resposta concisa e imparcial mostrou que ele não se deixava manipular por ninguém (Lc 20,25). Porém, Jesus também possuía o respeito de alguns membros dessas mesmas autoridades judaicas, como é o caso de Nicodemos e

José de Arimateia, dois discípulos ricos integrantes do Sinédrio, que ajudaram no sepultamento de Jesus (Mc 15,43; Lc 23,50; Jo 19,38-39). Inclusive este último deveria ter um bom conceito perante Pilatos, pois foi ele quem pediu permissão ao governador romano para retirar o corpo de Jesus da cruz, antes do sábado (Lc 23,52; Jo 19,38).

Ao chorar sobre Jerusalém vista do alto do Monte das Oliveiras, Jesus condena e ao mesmo tempo lamenta o triste destino do sistema que a cidade representa. É um sistema "que mata os profetas e apedreja os que são enviados para transformá-lo". No entanto, esse mesmo sistema conhecerá, fatalmente, a ruína (Mt 23,37-38; Lc 19,41-44). Jesus não poupou a hipocrisia religiosa do seu tempo.

Na situação religiosa

A religião praticada na época de Jesus foi duramente criticada por ele. O Templo, elemento central dessa religião, foi transformado, na sua opinião, "em um covil de ladrões" (Lc 19,46). O culto baseado em "sacrifícios", mas vazio de amor, de solidariedade, de misericórdia, para ele não tinha sentido nenhum (Mt 9,13; 12,7). O modo de interpretar a Lei, sobretudo os preceitos do sábado (Mt 12,1-8.11-12; Lc 13,14-16) e do puro e impuro (Mt 15,15-20), era totalmente diferente do modo corrente, principalmente dos fariseus e escribas.

Podemos constatar que Jesus era muito mais liberal, mais profundo e humano, se compararmos suas atitudes com o radicalismo, a exterioridade e o legalismo de alguns fariseus (Mt 5,21-48; 15,1-9). Ele detestava a hipocrisia dos que se julgavam "justos", mas só pareciam limpos por fora, enquanto por dentro eram "cheios de rapina e intemperança" (Mt 23,25.27). Muitos só se preocupavam com as aparências e formalidades e se esqueciam do essencial da religião (Mt 23,5-7.23-24).

Jesus, porém, soube valorizar os verdadeiros atos de piedade, como a esmola, a oração e o jejum (Mt 6,2.5.16), e pôs em prática todos os seus ensinamentos de fé e amor ao próximo: frequentava, assiduamente, as sinagogas aos sábados (Lc 4,16; Mt 12,9); várias vezes retirava-se para lugares desertos para orar (Lc 5,16; 6,12; 9,28); elogiou o gesto da viúva que deu a oferta para o Templo (Lc 21,3-4); assumiu, plenamente, a Páscoa judaica, vivendo-a na sua entrega pela humanidade (Lc 22,14-20); proclamou o verdadeiro sentido do Templo (Lc 19,46); pagou o imposto do Templo (Mt 17,27) e não desprezou o dízimo devido (Mt

23,23); aceitou, também, o convite para comer na casa de um fariseu, sem discriminação (Lc 7,36).

Na vida familiar

Os laços familiares eram muito valorizados por Jesus, que viveu harmoniosamente com sua família em Nazaré (Lc 2,39-40.51-52). Mas, quando iniciou seu ministério, questionou alguns valores arraigados na sociedade da época, como a situação da mulher, assumindo uma postura que a libertava de sua condição de inferioridade social,[6] e o excessivo apego aos familiares em geral (pais, irmãos, filhos etc.), que pode tornar-se empecilho para quem quer segui-lo (Mt 8,21-22; 10,34-39). Reafirmou, ainda, a indissolubilidade do vínculo matrimonial, numa sociedade poligâmica e machista, e colocou a mulher em igualdade com o homem na responsabilidade familiar (Mc 10,11). Ao mesmo tempo, valorizou aqueles que renunciam ao casamento, "por amor ao Reino dos Céus" (Mt 19,12).

Jesus estabeleceu, assim, um novo modelo de família, baseado na real fraternidade entre todos, cujo princípio não é mais o do privilégio patriarcal e do primogênito, nem os laços de sangue, mas sim o de "fazer a vontade do Pai Celeste" (cf. Mt 12,50). Valorizou e acolheu as crianças, colocando-as como modelo para os discípulos (Mt 18,1-4; 19,13-14). Restituiu a pais, mães e irmãos aflitos a alegria da vida ao devolver-lhes com saúde o(a) filho(a) ou irmão doente ou até mesmo já morto(a).[7]

Jesus, o pregador do Reino

O ministério público de Jesus começou na região da Galileia, que era a área mais conhecida por ele, pois viveu ali por mais de 30 anos.[8] Para Mateus e Marcos, Jesus teria começado o seu ministério "depois que João foi preso". Isso seria, portanto, no início do ano 29 E.C.

Já Lucas e João pressupõem um tempo de coexistência dos ministérios de João e de Jesus (cf. Jo 3,22-23). Para estes dois evangelistas, Jesus já teria começado a pregar logo após ser batizado por João. Isso seria no fim do ano 27 ou início do ano 28. Teria-se passado pelo menos um ano e meio até que João fosse decapitado a mando de Herodes. Mas, longe de fazer "concorrência", João remetia as pessoas a Jesus, sempre afirmando a superioridade do Mestre, de quem não se julgava "digno

---

[6] Cf. Lc 7,44-50; 8,48; 10,41-42.
[7] Cf. Lc 7,11-15; 8,49-56; Jo 11,20-44.
[8] Cf. Mt 4,12; Mc 1,14; Lc 4,14; Jo 2,1.

de desatar a correia das sandálias" (Lc 3,16). João procurou sempre afirmar seu papel de precursor (Mt 3,3.11 e paralelos) e a messianidade de Jesus.[9] Anunciava a justiça do Reino, que estava próximo, e exigia a conversão (Mt 3,2).

Jesus iniciou seu ministério assumindo a linha da pregação de João Batista (Mt 4,17; Mc 1,15). Mas, se João anunciava o juízo de Deus sobre os pecadores, com a linguagem ameaçadora da "ira que está por vir", do "machado ao pé da árvore", do fogo, da pá etc. (Lc 3,7.9.16-17), Jesus chegou anunciando o perdão de Deus aos pecadores (Lc 5,20.31-32 etc.). Ele se distanciou da prática ritual do Batismo de João e foi caminhando para a realização dos sinais anunciadores do Messias: a evangelização dos pobres, o resgate dos excluídos e marginalizados: cegos, presos, leprosos, coxos, surdos, mudos, enfim, os oprimidos.[10] É nessa linha messiânica que devemos entender as curas, expulsões de demônios e os milagres que Jesus fez por toda parte. Ele tratou logo de formar uma pequena comunidade de discípulos, que passaram a segui-lo em suas andanças, a ouvir sua pregação e a testemunhar seus extraordinários milagres, suas ações libertadoras (Mc 1,16-20; Mt 4,18-22; Lc 5,1-11).

Após a morte de João Batista, Jesus prosseguiu seu ministério. Continuou chamando e atraindo muita gente para formar a base da primeira comunidade. Uma grande multidão o seguia (Mt 4,25; Lc 6,17-19), porém ele tinha uma relação maior com alguns, seus discípulos, distintos das multidões (Mt 5,1; 13,10-11 etc.).[11]

Na véspera da Páscoa do ano 30, provavelmente Jesus foi crucificado. A notícia da sua morte na cruz se encontra nos Anais de Tácito: "(O) Cristo foi condenado ao suplício por Pôncio Pilatos, sob o imperador Tibério". Pilatos tinha assumido o governo da Judeia como procurador romano, no ano 26, tendo ficado nesse cargo até o ano 36. No terceiro dia da morte de Jesus, os discípulos viveram a experiência da ressurreição: Jesus está vivo no meio da comunidade![12] Cf. o croqui n. 36 que apresenta Jerusalém no tempo de Jesus com a indicação da trajetória da Paixão de Jesus.

---

[9] Cf. Lc 3,15-16; Jo 1,19-30; 3,28.

[10] Cf. Mt 11,1; Lc 4,18; Is 29,18-19.

[11] Cf. também: Mt 8,18-23; 9,9; Lc 6,12-16; 8,1-3.

[12] Cf. Lc 24,5.15.31.33-34; Jo 20,19.26; 21,1.

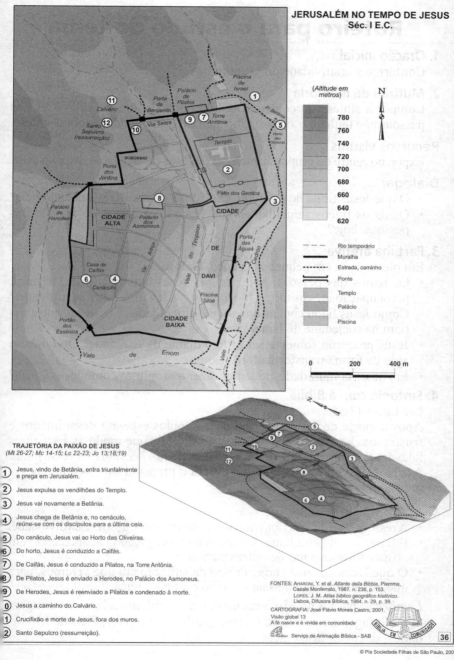

JERUSALÉM NO TEMPO DE JESUS
Séc. I E.C.

TRAJETÓRIA DA PAIXÃO DE JESUS
(Mt 26-27; Mc 14-15; Lc 22-23; Jo 13;18;19)

1. Jesus, vindo de Betânia, entra triunfalmente e prega em Jerusalém.
2. Jesus expulsa os vendilhões do Templo.
3. Jesus vai novamente a Betânia.
4. Jesus chega de Betânia e, no cenáculo, reúne-se com os discípulos para a última ceia.
5. Do cenáculo, Jesus vai ao Horto das Oliveiras.
6. Do horto, Jesus é conduzido a Caifás.
7. De Caifás, Jesus é conduzido a Pilatos, na Torre Antônia.
8. De Pilatos, Jesus é enviado a Herodes, no Palácio dos Asmoneus.
9. De Herodes, Jesus é reenviado a Pilatos e condenado à morte.
10. Jesus a caminho do Calvário.
11. Crucifixão e morte de Jesus, fora dos muros.
12. Santo Sepulcro (ressurreição).

FONTES: AHARONI, Y. et al. *Atlante della Bibbia.* Piemme, Casale Monferrato, 1987. n. 236, p. 153.
LOPES, J. M. *Atlas bíblico geográfico histórico.* Lisboa, Difusora Bíblica, 1984. n. 29, p. 39.
CARTOGRAFIA: José Flávio Morais Castro, 2001.
Visão global 13
A fé nasce e é vivida em comunidade
Serviço de Animação Bíblica - SAB

Roteiro para o estudo do tema

1. Oração inicial
Conforme a criatividade do grupo.

2. Mutirão da memória
Compor a síntese do conteúdo já lido por todos no subsídio. Caso as pessoas não tenham o subsídio, ficará a cargo do(a) líder expor a síntese.

Recursos visuais
Expor, no centro do grupo, as gravuras de Jesus e das pessoas do povo, hoje.

Dialogar
- O que Jesus tinha de diferente das outras pessoas, em sua aparência?
- Quais os traços semelhantes que vemos nos rostos de Jesus e das pessoas, hoje?

3. Partilha afetiva
Em plenário ou em pequenos grupos, dialogar:
- Os rostos das pessoas, hoje, muitas vezes expressam dor, tristeza, preocupação, desânimo... Que motivos as levam a esses sentimentos?
- Como Jesus lidou com as opressões, dificuldades e tristezas que existiam na sociedade de Israel?
- Jesus procurou somente ser crítico diante da realidade? Ou também agiu de forma transformadora? Como?
- Em nossa comunidade, podemos dizer que agimos como Jesus agiria?

4. Sintonia com a Bíblia
Ler Lc 24,13-35.
Após a morte de Jesus na cruz, os discípulos estavam desanimados e frustrados. Jesus ressuscitado mostrou-lhes de que modo as Escrituras falavam do Messias. Ele devia pregar o Reino, ser morto e ressuscitar. Assim, eles compreenderam que ele era o próprio Deus, vivendo nossa vida cotidiana.

Diálogo de síntese
- A ressurreição de Jesus foi, para os discípulos, a revelação de sua divindade.
- Em nossa vida cotidiana, sentimos a ressurreição já acontecendo em nossas atitudes e nas de outras pessoas?
- O que Deus nos pede hoje, dentro da situação em que vivemos, para que possamos testemunhar o Reino e a ressurreição?

Lembrete: para a próxima reunião, trazer objetos religiosos antigos, como imagens, medalhas, terços, quadros, oratórios, fitas de irmandades, devocionários etc.

3º tema
O Cristianismo é herdeiro da fé judaica

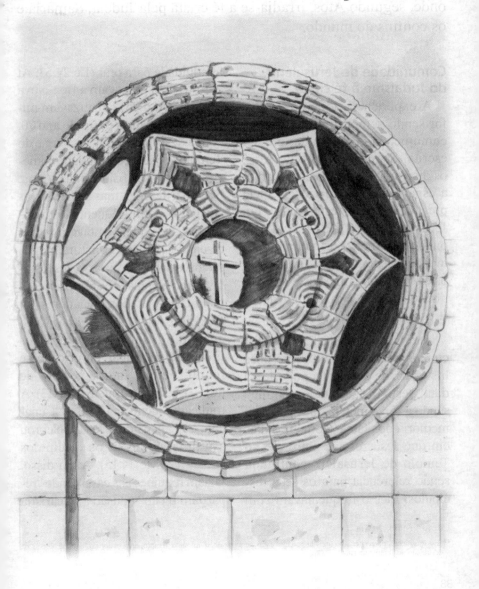

Nos Evangelhos, Pedro se sobressai entre os Doze apóstolos, recebendo um destaque especial no final do Evangelho de João. Ele é apresentado como líder dos Doze em Jerusalém, de onde, segundo Atos, irradia-se a fé cristã pela Judeia, Samaria e os confins do mundo.

Comunidade de Jerusalém: do Judaísmo à fé cristã

A experiência de fé pós-pascal foi sendo sempre mais refletida, comunicada e celebrada, até ser escrita. Segundo o livro de Atos, os discípulos de Jesus começaram a espalhar essa experiência, pela pregação e pelo testemunho, em Jerusalém (At 2,22-24; 3,14-15), onde se formou a primeira comunidade cristã, com os Apóstolos e os outros companheiros e companheiras que tinham seguido Jesus (Lc 23,49; 24,9-10.33).

Até os anos 30 da E.C., os discípulos contavam com a presença histórica de Jesus. Depois dessa data, Jesus ressuscitado continua sendo a força motriz, mas pela fé e memória dos fatos. Como nos dias em que Jesus estava entre eles, o Templo de Jerusalém continuou sendo referência para os seus discípulos. Eles o frequentavam com assiduidade para orar (Lc 24,53; At 2,46-47). Aí pregavam a Boa-Nova ao povo (At 5,25) e realizavam milagres.[1] Somente a partir do ano 70, com a destruição de Jerusalém e do Templo, é que a comunidade começa a adquirir sua fisionomia própria.

Não só o Templo, mas sobretudo as sinagogas eram frequentados pelos cristãos,[2] os quais tentavam reunir discípulos, causando, naturalmente, intensos debates, que às vezes resultavam em expulsão e até em ameaça de linchamento dos pregadores (At 6,9; 9,29). Mas como alternativa ao Templo e à sinagoga, os cristãos tinham o seu lugar próprio de se reunir, numa "sala superior" de uma casa, em Jerusalém (At 1,13). A tradição a identifica com o "Cenáculo", a sala na qual Jesus celebrou a última ceia com os discípulos (Lc 22,12; Mc 14,15). Além disso, faziam reuniões nas casas, onde "repartiam o pão" (alusão à Eucaristia

---

[1] Cf. At 3,1-10; 5,12.15-16.

[2] Historicamente, parece ter sido mais importante a *casa* e a *sinagoga* do que o Templo, com maior razão ainda, depois da destruição do Templo no ano 70 E.C.

cf. At 2,42.46), e também pregavam e oravam (At 5,42; 12,12).

À medida que crescia a distância entre os discípulos de Jesus e os chefes dos judeus, crescia também a distância do Templo, da sinagoga, da cidade de Jerusalém e, por fim, da própria cultura judaica. A Igreja de Jerusalém e, a partir dela, as Igrejas de fora da Judeia e da terra de Israel foram essencialmente "domésticas". Não havia templo cristão, no seu sentido específico, até o início do século IV de nossa era. Somente nesse século, com a permissão do culto cristão pelo imperador Constantino, em 313, com o famoso "edito de Milão", os cristãos passaram a ocupar alguns lugares próprios para sua oração pública. A partir daí, foram-se multiplicando os templos (igrejas) cristãos. Na terra de Israel, pouco a pouco, o Templo de Jerusalém e a sinagoga cederam lugar à casa de um discípulo, onde se reunia a Igreja, os irmãos de uma determinada localidade. Foi em torno dessas casas que se desenvolveu a vida cristã, centrada na celebração da palavra e da fração do pão, da oração e da partilha dos bens. Na língua grega, falada pela maioria dos cristãos do século I, essa experiência cristã era chamada de *para-oikia* (isto é, aquilo que se relaciona à casa da comunidade). Essa palavra passou à língua portuguesa como "paróquia".

A influência da Igreja de Jerusalém

Desde a ressurreição de Jesus, a cidade de Jerusalém se tornou o primeiro centro irradiador da experiência cristã.[3] A esse respeito, são bastante claros os testemunhos dos evangelistas sobre o papel fundador da comunidade de Jerusalém, sobretudo de Lucas, que inclui o livro dos Atos dos Apóstolos.[4] Para aí,

---

[3] Há uma tendência atual de relativizar o papel central da comunidade de Jerusalém na origem do Cristianismo, admitindo-se que o movimento cristão, desde as suas origens, tenha sido maior na Galileia, Síria, ou seja, no norte, e que cresceu, desde o início, na convivência entre judeus e gregos. O próprio livro de Atos daria margem a essa interpretação, ao situar em Antioquia da Síria o centro de irradiação missionária no tempo de Paulo e outros. O Evangelho de Marcos mesmo é chamado por alguns estudiosos de Evangelho da Galileia. Mateus também dá ênfase a esse entendimento, ao iniciar e terminar o seu Evangelho na Galileia (Mt 1,18-23; Mt 28,7.10.16). Contudo, Lucas, considerado autor do terceiro Evangelho e de Atos, mostra uma preferência por Jerusalém, para onde convergem as narrativas da infância (Lc 1,9; 2,41), a preparação de Jesus para o ministério (Lc 4,9), a pregação na Galileia (Lc 9,31), a caminhada para Jerusalém (Lc 9,51) e a chegada em Jerusalém, onde se realiza a Paixão, Morte e Ressurreição (Lc 19,28; 24,6.47). A ascensão de Jesus se realiza em Betânia, e não na Galileia, como nos demais evangelistas, de onde retornam a Jerusalém (Lc 24,50.52). De Jerusalém partem para a missão (At 1,8). Mas devemos levar em conta que Lucas tinha uma perspectiva teológica própria.

[4] Marcos é o único que, originalmente, terminou o seu Evangelho afirmando que o encontro com o Ressuscitado iria se dar na Galileia, sem falar das aparições dele em Jerusalém (Mc 16,7-8). Mateus segue Marcos (Mt 28,10.16), mas narra uma aparição de Jesus às mulheres, junto ao túmulo (Mt 28,1-10). O apêndice do Evangelho de Marcos (Mc 16,9-20), que faz um resumo das aparições de Jesus e do mandato do Senhor aos discípulos em missão pelo mundo, é uma tentativa posterior da comunidade de harmonizar o final brusco desse Evangelho com os outros relatos.

os primeiros discípulos tinham-se encaminhado, seguindo Jesus (Lc 24,49-52), e aí permaneceram por um tempo, após a ressurreição, até que, "revestidos da força do Alto", o Espírito Santo (Lc 24,49; At 1,8), saíram por toda parte anunciando a salvação em Cristo Jesus (Mc 16,20). A comunidade de Jerusalém cresceu rapidamente nos seus primeiros anos de caminhada. Os Atos dos Apóstolos nos dão uma ideia do crescimento acelerado do número dos discípulos (At 2,41.47)[5] e de novas comunidades nas casas dos cristãos, em Jerusalém e fora dela (At 12,12; 16,40).[6] Lucas relaciona essa expansão da comunidade cristã com a festa de Pentecostes, 50 dias depois da Páscoa (At 2,1-5).[7] Para ele, foi aí que se deu o nascimento da Igreja, mesmo que em Atos afirme-se ter sido em Antioquia que os seguidores de Jesus foram chamados de "cristãos" pela primeira vez (At 11,26).[8] No ano 30 E.C., a comunidade cristã formada em Jerusalém partiu para sua missão evangelizadora, cujo objetivo era chegar "até os confins da terra" (At 1,8). Por isso, é natural que assumisse o papel de Igreja-mãe e detivesse a função de coordenação e ponto de referência para as comunidades que logo nasceram e se espalharam por todo o Império. De Jerusalém, os apóstolos e diáconos saíam em missão para outros lugares (At 8, 4-5.14; 9,32; 11,22), e algumas vezes saíam fugidos, quando havia perseguição mais sistemática por parte das autoridades judaicas, aproveitando para anunciar a Boa-Nova nos lugares por onde iam passando (At 11,19). Daí, também, partiam os que tinham uma visão estreita do significado da salvação em Cristo e queriam impor, aos convertidos do paganismo, a sua maneira judaica de ser (At 15,1-2); e para aí convergiam, ainda, os missionários, para relatar o trabalho, prestar contas e dar esclarecimentos (At 11,1-18; 15,2.12).

A assembleia de Jerusalém foi o maior acontecimento da Igreja do século I, que marcou a abertura da Igreja para uma cultura diferente da judaica, nascendo assim o Cristianismo. Dessa forma se salvou

---

[5] Cf. também: At 4,4.32; 6,1.7; 9,31; 11,21.24; 12,24; 13,48-49; 16,5; 19,20.

[6] O estudo desse período volta-se mais para o "primado de Pedro" e da "sede apostólica", mas num estudo posterior seria interessante relê-lo sob a ótica das CEBs.

[7] João relaciona a experiência do Dom do Espírito com a própria Ressurreição de Jesus (cf. 20,22).

[8] O fato de os cristãos receberem esse nome fora de Jerusalém pode dar a entender, segundo alguns, a relatividade de Jerusalém como Igreja-mãe.

a unidade na diversidade (At 15). Na terra de Israel e especialmente em Jerusalém, encontrava-se a maioria dos cristãos de origem judaica. Nas comunidades da diáspora, os pagãos convertidos se tornaram maioria, pois ali houve poucas conversões de judeus (At 13,44-46). Os cristãos de origem judaica eram chamados "hebreus". A liderança exercida por Tiago, sobre esse grupo em Jerusalém, conseguiu imprimir na pastoral dos primeiros evangelizadores a sua marca quanto ao respeito a algumas observâncias da Lei de Moisés, consideradas essenciais para a boa convivência entre as duas culturas, judaica e gentílica.

A organização da comunidade de Jerusalém seguiu o esquema judaico das "Doze tribos", recompondo o grupo dos Doze apóstolos. Mas, quando alguns dos apóstolos dispersavam-se ou eram martirizados, adotou-se a prática, também própria da cultura judaica, de reunir um conselho de "anciãos", os presbíteros (At 15,2.6; 21,18), para representá-los. A vivência da fraternidade e da comunhão de bens, descrita por Lucas numa forma bem ideal,[9] parece que não durou muito, por causa da crise de seca e fome que se abateu sobre a região, na época de Cláudio. Isso motivou as comunidades da diáspora a organizarem uma coleta para os irmãos da Judeia (At 11,28; 1Cor 16,1; 2Cor 9,12).

A comunidade cristã de Jerusalém foi muito perseguida, justamente por estar próxima às autoridades judaicas, que tinham em Jerusalém sua sede, o Sinédrio, além do fato de que aí se encontravam os judeus que mais defendiam as práticas de sua religião, na observância da Lei de Moisés. Bastaria citar o exemplo de Paulo (At 9,1-2). É natural que os conflitos entre cristãos e judeus se tornassem mais evidentes nessa região, e poderiam estar mais "escondidos" no mundo pagão, onde os judeus eram minoria. Isto fazia da comunidade-mãe uma Igreja perseguida.

Os cristãos fugiram de Jerusalém quando a revolta judaica de 66-70 instaurou um clima de medo entre os habitantes, pois os romanos não foram piedosos na hora de punir os rebeldes. De fato, segundo Eusébio, um historiador cristão do século II, os cristãos de Jerusalém fugiram para Pela, a sudoeste da Judeia, para evitar os conflitos provocados pela rebelião dos zelotas e a consequente repres-

---

[9] Cf. At 2,44-45; 4,32.34-35.37.

são violenta por parte dos romanos chefiados por Vespasiano. Este veio a tornar-se imperador em 69, provocando, ainda mais, o medo nos que não participavam da rebelião, por temerem represálias por parte dos romanos. Isso, de fato, aconteceu no ano 70. Nesse ano, Jerusalém deixou definitivamente de ser o centro espiritual e missionário dos primeiros anos.

Ainda que a cidade, a partir da catástrofe do ano 70, tenha deixado de ser o centro irradiador e congregador da fé cristã, Jerusalém permaneceu no imaginário cristão como o símbolo da comunhão de Deus com o povo, na plena realização da salvação oferecida por ele. Assim, alguns textos do Segundo Testamento resgatam todo o simbolismo da Cidade Santa no Primeiro Testamento, sobretudo nos profetas e nos salmos.[10] Esses textos devolvem a Jerusalém o lugar proeminente de Cidade Santa, lugar sagrado para onde os cristãos se encaminham e acorrem todas as nações.[11]

Pedro: o líder da Igreja em Jerusalém

A liderança da primeira comunidade de Jerusalém coube, inegavelmente, a Simão Pedro, o líder dos apóstolos. Os Evangelhos apresentam essa primazia de Pedro no grupo dos discípulos como um chamado especial do próprio Senhor durante seu ministério terreno.[12] Ainda que os escritos evangélicos sejam bem posteriores à primeira comunidade de Jerusalém e manifestem mais a compreensão que a grande comunidade da Igreja já tinha na segunda metade do século I, podemos tomar como certa a liderança de Pedro, desde os tempos de Jesus. Em Jerusalém, após a experiência da ressurreição, Pedro tomou a iniciativa de substituir Judas Iscariotes, que resultou na eleição de Matias (At 1,15-26). Assim, ele recompôs o expressivo número dos Doze.

Após a experiência de Pentecostes, foi também Pedro quem tomou a iniciativa de se dirigir à multidão estupefata pelo acontecido e esclarecê-la sobre o significado salvífico do que eles estavam vivendo. Sua pregação resultou na conversão e no Batismo de "cerca de três mil pessoas", segundo os Atos (At 2,37-41).

Ainda em Jerusalém, Pedro, acompanhado por João, filho de

---

[10] Cf. Is 35; 52,1-6; 60,1-8; Sl 102,22; 137,5.
[11] Cf. Gl 4,26; Fl 3,20; Ap 21,2.10.24-26.
[12] Ver, sobretudo: Mt 16,16-19 e Jo 21,15-17.

Zebedeu, exerceu um ministério importante para o crescimento e o fortalecimento da comunidade, por meio de dois episódios narrados pelos Atos, envolvendo os dois apóstolos: o primeiro é a cura de um paralítico no Templo, que despertou o interesse da multidão. Pedro dirigiu-lhes a palavra e, no final, cerca de dois mil homens se juntaram aos discípulos, elevando para cinco mil o número deles (At 3,1-25; 4,4). O segundo episódio é a prisão dos dois apóstolos, como consequência da atividade deles no Templo, após a cura do paralítico. Foram levados perante o Sinédrio e aí de novo foi Pedro quem dirigiu a palavra aos chefes judeus. Eles foram soltos, mas proibidos pelos chefes de continuar ensinando em nome de Jesus (At 4,1-21). Nos dois casos está patente a liderança de Pedro e a importância de seu ministério para o crescimento da comunidade de Jerusalém.

Também no caso da fraude de Ananias e Safira, Pedro exerceu o papel singular de profeta ao denunciar a atitude incoerente do casal, que pensou poder enganar os apóstolos. A condenação categórica da atitude dos dois e a morte de cada um deles, logo em seguida, comprovaram sua autoridade, mostrando que "com Deus não se brinca". A notícia desses fatos fez sobrevir "um grande temor à Igreja inteira" (At 5,1-11), com o consequente respeito à pessoa e à autoridade de Pedro.

Depois que Filipe evangelizou diversas cidades da Samaria,[13] Pedro e João foram enviados a essa região pelos apóstolos de Jerusalém para confirmar os neoconvertidos, os quais receberam a graça do Espírito Santo. Entre eles estava o mago de nome Simão, que ofereceu dinheiro aos apóstolos para "obter" o poder de infundir o Espírito Santo a quem ele impusesse as mãos. Coube a Pedro denunciar, como profeta, a incoerência de tal atitude e as consequências drásticas para o próprio Simão, exortando-o a converter-se (At 8,14-24).

Nessa época, portanto, Pedro[14] exercia o papel de líder da comunidade de Jerusalém e provavelmente tinha aí sua residência. Um pouco mais tarde, como veremos adiante, Pedro cumpriu seu ministério também fora de Jerusalém e até da Judeia. Continuou desempenhando sua liderança sobre a comunidade,

---

[13] Jo 4,39-42 fala de uma cidade da Samaria evangelizada pela mulher samaritana; Atos apresenta um conjunto maior de cidades da região evangelizadas por Filipe.

[14] Esta é a leitura que o autor de Atos faz de Pedro. Alguns comentadores bíblicos consideram que ela não corresponde aos dados históricos.

como o demonstra a narrativa da explicação que deu, aos membros da comunidade de Jerusalém, sobre seu comportamento entre os pagãos (At 11,1-18). Igualmente o demonstram as narrativas da sua prisão, a mando de Herodes Agripa I, da sua miraculosa libertação (At 12,1-19) e da sua intervenção no chamado "Assembleia de Jerusalém", a favor da liberdade dos cristãos provenientes do paganismo em relação aos costumes judaicos (At 15,7-12).

À medida que Pedro foi-se dedicando aos pagãos e, possivelmente, afastando-se fisicamente de Jerusalém, a comunidade inicial, de maioria judaica, ficou sob a liderança de Tiago, chamado de "o irmão do Senhor" (Gl 1,19). O grupo de Tiago era designado como "hebreu", enquanto os outros cristãos, de origem pagã, eram chamados de "helenistas".

Tiago: "o irmão do Senhor"

De acordo com Gl 1,18-19, Tiago, "o irmão do Senhor", era o líder da Igreja de Jerusalém na época em que Paulo a visitou pela primeira vez, depois de sua conversão. Isso teria acontecido entre os anos 36 e 38 E.C. Alguns comentaristas consideram que Tiago teria assumido, primeiramente, a liderança do grupo hebreu da comunidade radicada em Jerusalém. Posteriormente, essa liderança teria-se estendido aos outros cristãos de origem judaica para, então, depois da partida de Pedro para Roma, Tiago assumir plenamente a liderança da Igreja de Jerusalém, cuja maioria era, contudo, de judeus convertidos.

Não é muito seguro afirmar que este Tiago é o apóstolo que figura nas listas dos Doze, nos Evangelhos, como sendo "o filho de Alfeu" (cf. Lc 6,15 e paralelos). A expressão "o irmão do Senhor" faz pensar em algum parente de Jesus (cf. Mc 6,3) que teria ganhado importância na comunidade justamente por seu parentesco com o Mestre.[15] Abstendo-nos de opinar sobre os motivos pelos quais Tiago se tornou líder, constatamos que a sua liderança e influência são claramente manifestadas e reconhecidas em alguns textos dos Atos e na Carta aos Gálatas, como veremos adiante. A "Epístola de Tiago" se

---

[15] Tiago poderia ter-se valido desta prerrogativa para legitimar sua liderança. Parece que a extrema reação dos "parentes" de Jesus, atestado sobretudo no Evangelho de Marcos, seria uma forma de contestar a linha judaizante, muito forte no início do Cristianismo, defendida por Tiago, "desautorizando" o critério de liderança defendido por essa linha. Isso pode ser provado pelo fato de Marcos colocar a Galileia como lugar de encontro com o Ressuscitado, e não Jerusalém, embora haja quem discorde dessa posição (Mc 16,1; cf. Lc 24,33.36).

apresenta como sendo dele (Tg 1,1), mas trata-se de uma pseudonímia, isto é, um recurso literário muito comum na Antiguidade para conferir autoridade a um escrito.

Como dissemos, parece que Tiago já liderava a comunidade de Jerusalém no final dos anos 30. Porém, a presença de Pedro (Cefas) na cidade, nessa ocasião (Gl 1,18), sugere que Tiago fosse ainda o líder só do grupo "hebreu" e não de toda a comunidade. Na medida em que essa comunidade era formada praticamente pelos cristãos convertidos do Judaísmo, podemos afirmar que Tiago liderava a comunidade de Jerusalém, mas não o conjunto das comunidades que tinham em Jerusalém seu centro de referência. Essa liderança geral competia a Pedro, que naquele momento ainda tinha Jerusalém como sua cidade de referência.

A importância de Tiago, na comunidade de Jerusalém, está documentada em alguns textos dos Atos. O *primeiro* deles é At 12,17: Pedro havia sido libertado miraculosamente da prisão em Jerusalém e conduzido até a casa de Maria, mãe de João Marcos, onde se encontravam muitas pessoas reunidas em oração. Depois de contar-lhes como fora sua libertação, Pedro pediu-lhes que anunciassem o fato "a Tiago e aos irmãos".

O *segundo texto*, de suma importância, é At 15: em Antioquia, havia chegado um grupo proveniente da Judeia, pregando a necessidade de os convertidos do paganismo se circuncidarem (v. 1; Gl 2,1-21 identifica esse grupo com "alguns vindos da parte de Tiago"). A polêmica que se criou exigiu a ida de alguns representantes a Jerusalém para tratar do assunto. Entre eles estavam Paulo e Barnabé. A reunião para discutir a questão ficou conhecida como "Assembleia de Jerusalém". A linha judaizante foi defendida por "alguns que tinham sido da seita dos fariseus, mas haviam abraçado a fé" (v. 5). Diante da exposição de Pedro, defendendo a linha liberal, pró-helenista, a assembleia silenciou (vv. 7-12a). Tiago retomou a linha judaizante, já numa tentativa de conciliação, visando salvaguardar alguns princípios elementares de observância que poderiam prejudicar os irmãos judeus (At 15,10-29). Sua posição foi aprovada e posta em prática (cf. At 16,4), confirmando, assim, sua autoridade.

O *terceiro texto* importante é o de At 21,17-26: em Jerusalém, Paulo e os companheiros de viagem se dirigiram "à casa de Tiago, onde todos os anciãos se reuniram". Esta notícia demonstra a já eminente importância de Tiago na comunidade de Jerusalém. Ele seria, então, uma espécie de "chefe" dos "anciãos", que, neste caso, seriam os líderes mais velhos da comunidade, numa estrutura de organização tipicamente judaica. Estes teriam em Tiago o porta-voz de suas convicções. Aqui percebemos que a influência de Tiago convenceu até o próprio Paulo a cumprir um rito da Lei, para não escandalizar os irmãos vindos do Judaísmo. De fato, eles ouviram dizer que Paulo desestimulava os judeu-cristãos a observarem as normas da Lei Mosaica, sobretudo não circuncidando mais os filhos. Ainda que a doutrina de Paulo aponte para isso,[16] ele "pensava mais em assegurar a liberdade dos convertidos da gentilidade, em relação às observâncias do Judaísmo (cf. Gl 2,11-14), do que em afastar delas os judeus piedosos".[17] A atitude de Paulo ao aceitar cumprir um voto proposto pelo grupo de Tiago, como "prova" de que ele também era observante da Lei, demonstra, de um lado, que Paulo visava, de fato, à liberdade dos gentios, sem prejuízo da parte "judaica"; de outro lado, comprova a forte influência de Tiago na comunidade cristã de Jerusalém, que era a que mais convivia com a presença de judeus. Certamente, por isso mesmo, Tiago quis dar à comunidade local um semblante menos conflituoso com os judeus, visando à tolerância por parte deles ao Cristianismo.

Encontramos, ainda, uma referência especial a Tiago em 1Cor 15,7, na qual se afirma que ele teria presenciado sozinho uma aparição de Cristo ressuscitado, e outra em Gl 2,9, em que é citado ao lado de Cefas (Pedro) e João, como "notáveis tidos como colunas". Também estes textos confirmam a importância de Tiago na comunidade de Jerusalém. Seu ministério teve fim com o seu martírio no ano 62, a mando do sumo sacerdote Anã, que o condenou ao apedrejamento. O historiador cristão Eusébio nos informa que Tiago foi substituído, no governo da comunidade de Jerusalém, por Simeão, filho de Cléofas e de Maria, cunhada da mãe de Jesus.

---

[16] Cf. Rm 2,25-29; 4,9-12; 1Cor 7,17-20.
[17] Cf. At 21,21, nota *d*, da Bíblia de Jerusalém.

Roteiro para o estudo do tema

1. Oração inicial
Conforme a criatividade do grupo.

2. Mutirão da memória
Compor a síntese do conteúdo já lido por todos no subsídio. Caso as pessoas não tenham o subsídio, ficará a cargo do(a) líder expor a síntese.

Recurso visual
Apresentar os objetos religiosos antigos, dizer a quem pertenceram e como essa pessoa os usava.

3. Partilha afetiva
A fé cristã é herdeira da fé judaica. Mas alguns costumes e práticas não foram seguidos pelos cristãos, pois eles criaram expressões de fé diferentes.

Em pequenos grupos ou no plenário, dialogar:
- Nosso modo de viver a fé hoje é igual ao modo como se vivia alguns anos atrás?
- Estes símbolos que temos entre nós lembram a forma como nossos antepassados expressavam sua fé. Quais são nossos símbolos de hoje?
- Essa diferença é natural, porque nós mudamos e nossa fé também evolui e procura dar respostas para a vida das pessoas de cada época. Podemos, então, dizer que nossa fé é herdeira da fé das pessoas que usaram estes objetos religiosos?

4. Sintonia com a Bíblia
Ler At 3,1-10.

Os apóstolos Pedro e João vão ao Templo na hora em que os judeus costumam rezar. Eles continuavam fazendo a oração no Templo, que era uma expressão de fé judaica, mas a viviam agora com um novo sentido: a fé em Jesus ressuscitado.

Diálogo de síntese

- Em nossa vida cristã, conservamos os costumes e expressões da fé de nossos antepassados?
- Qual o sentido novo que damos à vida cristã, hoje?

Lembrete: para a próxima reunião, providenciar para todos os participantes cópias do mapa das primeiras comunidades cristãs da terra de Israel, que está neste subsídio. Caso todos o possuam, não é preciso fazer as cópias.

4º tema

A nova luz de Israel ilumina todos os povos

Os primeiros membros a fazerem parte da comunidade cristã eram de cultura e tradição religiosa judaica. Com a entrada de outras tradições culturais e religiosas, surgiram alguns conflitos no modo de entender e praticar a fé cristã.

A expansão da comunidade para fora de Jerusalém e da Judeia

Missão de Pedro em Lida, Jope e Cesareia

Os apóstolos, reunidos em *Jerusalém*, não só deram início à primeira comunidade cristã, como também, desde logo, começaram a pregar em outras cidades e regiões além de Jerusalém e da Judeia. Os Atos dos Apóstolos apresentam mais detalhadamente o apostolado de Pedro (At 9,32–10,48), que tinha em Jerusalém seu ponto de referência. Pedro "se deslocava por toda parte" (At 9,32). Foi a *Lida*, na região da Sefelá (Judeia), onde já existia uma comunidade cristã, cujos membros eram identificados como "os santos". Ali curou um paralítico. Esse milagre repercutiu não só na cidade, como em toda a planície de Saron. Em consequência, "os seus habitantes se converteram ao Senhor" (At 9,35). Isso significa que aí se formaram comunidades cristãs.

Jope é uma cidade litorânea, vizinha de Lida. Também aí já existiam discípulos. Foram estes que mandaram chamar Pedro, já conhecido deles, para velar o corpo de Tabita, uma discípula que havia morrido naquele dia. Ele foi e, vendo as lágrimas das viúvas que lamentavam a perda de alguém que tanto bem lhes fizera, ressuscitou a mulher. Com esse feito, "muitos creram no Senhor" (At 9,36-42). Essa expressão indica a expansão da comunidade cristã no local.

Cesareia também fica no litoral, porém bem mais ao norte do que Jope. É conhecida como Cesareia Marítima, para se distinguir da Cesareia de Filipe, que fica ao norte, próximo às nascentes do Jordão. Um centurião romano chamado Cornélio enviou de Cesareia dois empregados seus e um soldado piedoso para buscar Pedro em Jope. Ele era pagão, mas "temente a Deus"[1] e, pelo visto, muito generoso com os judeus da cidade.

---

[1] Essa expressão designa os pagãos que professavam a fé no Deus de Israel e observavam alguns preceitos da Lei de Moisés, mas não eram circuncidados.

Queria ouvir Pedro e, por isso, mandou chamá-lo. Embora não se supusesse que já existisse uma comunidade em Cesareia, o relato desse episódio segue o mesmo esquema das narrativas de evangelização anteriores: a pregação, em que se anuncia o querigma de Jesus morto e ressuscitado; o Batismo como consequência; e a vinda do Espírito Santo, para confirmar tudo. No caso de Cornélio, porém, o Espírito Santo se adiantou, deixando o Batismo para ser realizado depois. A experiência atingiu a todos os presentes, independentemente de serem pagãos ou judeus. Nascia, assim, mais uma pequena comunidade cristã na casa daquele centurião (At 10,1-48).

Os sete diáconos

Havia, em Jerusalém, sinagogas próprias para os judeus de língua grega, vindos de fora da terra de Israel. Eles não conheciam mais o hebraico das Escrituras, nem entendiam o aramaico falado pelos judeus da Judeia. Só sabiam ler a Bíblia em grego, a língua que conheciam, enquanto nas outras sinagogas da terra de Israel se lia a Bíblia em hebraico e se falava o aramaico. Esses judeus de língua grega, que tinham vivido na diáspora e voltaram para a terra de Israel, eram chamados de "helenistas", enquanto os de língua aramaica, que cresceram na terra de Israel, eram chamados de "hebreus" (At 6,1). No início, parece que alguns "helenistas" se opuseram ferrenhamente à mensagem cristã. Mas, depois, muitos deles foram abraçando a fé se incorporando à comunidade cristã de Jerusalém. Com o crescimento rápido da comunidade, o serviço de assistência, baseado na partilha dos bens em comum, começou a apresentar falhas. Os "helenistas" reclamavam,[2] pois se viam prejudicados pela preferência dada às viúvas dos "hebreus" na distribuição dos recursos. A comunidade, reunida em assembleia, encontrou uma forma de solucionar o problema: a instituição dos sete diáconos helenistas, para cuidar da distribuição dos recursos aos necessitados helenistas, especificamente às viúvas, categoria mais carente desde o Primeiro Testamento (At 6,1-6).

Esses "diáconos", em princípio, deveriam "cuidar das mesas", enquanto os apóstolos se dedicariam ao "ministério da Palavra" (At

---

[2] Por detrás da instituição dos diáconos, existem sérios conflitos internos e externos da comunidade que eclodiram na morte de Estêvão, na expulsão dos diáconos de Jerusalém, na exclusividade de seu trabalho às mesas, e não à pregação. Mesmo assim, encontramos o diácono Filipe e Estêvão no ministério da cura e da pregação (At 7,1-54; 8,4-8).

6,3-4). Mas bem cedo eles começaram também a pregar, inclusive fazendo milagres e não se restringindo a Jerusalém. O testemunho das atividades de alguns deles nos Atos dos Apóstolos deixa claro que os Sete constituíram uma nova forma de ministério, mas não se limitaram a ele (At 7-8). Estêvão, por exemplo, proferiu um longo discurso perante o Sinédrio, anunciando a Palavra e defendendo a fé cristã. Isso lhe causou a morte por apedrejamento, por volta do ano 34 E.C. (At 7,1-60). Filipe foi outro dos Sete que exerceu um grande apostolado missionário (At 8,5-40). A atividade missionária dos diáconos gerou comunidades fora de Jerusalém, espalhando-se pela região da Judeia, da Samaria e da Costa Mediterrânea (At 8,4-8.26.40).

Missão de Filipe na Samaria e na região litorânea

Os Atos dos Apóstolos sugerem que a perseguição desencadeada pelas autoridades judaicas aos discípulos, após a morte de Estêvão, tenha provocado a dispersão deles para fora de Jerusalém. Eles, porém, ao se espalharem, levaram também a Boa-Nova a outras cidades (At 8,4). Aqui se vê que "há males que vêm para bem!". Assim, o diácono Filipe teve um papel fundamental na evangelização da Samaria.[3] Sem definir nenhuma localidade específica, os Atos deixam entender que se trata da região em geral, o que implica várias comunidades. Aí, Filipe não só pregava, mas também realizava diversos milagres, que atraíram muitas pessoas. Essa missão foi muito além daquela definida pelos apóstolos, quando da instituição dos Sete (At 6,1-4). No arremate desse processo vinha sempre o Batismo, que o próprio diácono realizava. Mas os apóstolos da comunidade de Jerusalém foram até lá para confirmar a comunhão de fé das novas comunidades da Samaria com a Igreja-mãe. A oração deles para que os novos cristãos recebessem o Espírito Santo demonstra que nas novas comunidades se refazia o processo de formação de comunidades abertas ao mundo, iniciado em Pentecostes (At 8,5-25).

Depois, Filipe evangelizou um estrangeiro numa situação completamente inédita para os padrões da época. Trata-se do eunuco de Candace, rainha da Etiópia, que fazia

---

[3] No Evangelho de João, é uma mulher conhecida como samaritana quem anuncia aos conterrâneos o encontro que teve com Jesus e convence muitos a acreditarem nele (Jo 4,39-42).

o caminho de Gaza. Ele já era "temente a Deus".[4] Após a pregação de Filipe, que lhe explicou a Escritura, ligando-a aos acontecimentos da paixão de Jesus, foi batizado pelo diácono. Este, por sua vez, prosseguiu em direção a Azot e depois Cesareia (At 8,26-40), as quais eram cidades costeiras. Supõe-se que nelas fundaram-se pequenas comunidades cristãs que permaneciam ligadas à comunidade-mãe de Jerusalém. Os Atos dão uma brevíssima notícia sobre a caminhada dessas comunidades, incluindo também a Galileia: "Entretanto, as Igrejas gozavam de paz em toda a Judeia, Galileia e Samaria. Elas se edificavam e andavam no temor do Senhor, repletas da consolação do Espírito Santo" (At 9,31).

A perseguição dos cristãos

O martírio de Estêvão, por volta do ano 34 E.C., foi realmente o início de uma perseguição acirrada aos discípulos de Jesus, da qual o jovem Saulo (depois renomeado Paulo) foi, talvez, o mais ferrenho promotor (At 8,1.3; Gl 1,13-14). Ele conseguiu do sumo sacerdote Caifás (18-36 E.C.) um documento que o autorizava a se dirigir a Damasco e prender quem se declarasse cristão (At 9,2). É interessante notar que já no ano de 36 se tem notícia de uma comunidade de seguidores de Jesus em Damasco, na Síria.

Foi ainda nesse mesmo ano que se deu a conversão de Saulo. No caminho de Damasco ele viveu uma experiência com o Cristo ressuscitado, solidário com os cristãos perseguidos (At 9,3-9). O que se seguiu a essa "virada" de rumo na vida de Saulo/Paulo será assunto do próximo estudo, quando veremos as comunidades cristãs de fora da terra de Israel. Nelas, Paulo teve um papel fundamental como missionário, fundador de comunidades, pregador e orientador por meio das cartas.

A perseguição, por parte dos chefes judeus, continuou após a conversão de Paulo. Isso fez a comunidade, liderada pelos apóstolos, dispersar-se de Jerusalém, onde ainda tinha o seu ponto central. Foi a partir do ano 34 que Pedro saiu de Jerusalém e percorreu as outras regiões da Palestina. Dessa época até o ano 45 ele esteve na Samaria, para confirmar o trabalho de Filipe. Foi em Samaria,

---

[4] Cf. At 10,2.22.35; 13,16.26. A expressão "tementes a Deus" designava os pagãos que simpatizavam com o Judaísmo, embora não chegasse a integrar o povo judeu pela circuncisão, como os prosélitos (Cf. nota na Bíblia de Jerusalém em At 2,11; 10,2 e 13,43). Não é clara, nos Atos, a distinção entre os tementes a Deus e os Adoradores de Deus (Cf. At 16,14; 17,4.17; 18,7).

também, que aconteceu o episódio de Simão, o mago, que queria "comprar" o poder de comunicar o Espírito Santo (At 8,9-24). Esteve, ainda, na planície marítima do Mediterrâneo, como já vimos. Aí houve a cura de um paralítico, em Lida (At 9, 32-35), a ressurreição de uma mulher, em Jope (At 9,36-42), e o episódio da conversão do centurião romano Cornélio e de toda sua família (At 10). Depois, Pedro retornou a Jerusalém (At 11,2-18).

Troca de cargos nos altos escalões

Por volta do ano 35, Pilatos mandou massacrar um grupo de samaritanos no monte Garizim, local onde eles tinham um templo dedicado ao Senhor, como alternativa ao Templo de Jerusalém. Este fato provocou uma revolta na Samaria, e Pilatos não conseguiu mais controlar a região. Foi preciso uma intervenção direta de Roma para restabelecer a ordem. Pilatos, então, foi destituído do cargo, no ano 36, por Vitélio, legado da Síria (35-39). Este o enviou para Roma, a fim de justificar-se perante Tibério. Depois de algum tempo, Pilatos foi morto violentamente, em Roma. Vitélio destituiu também o sumo sacerdote Caifás e nomeou em seu lugar Jônatas, filho de Anás. Mais tarde, na Páscoa de 37, Vitélio, ao passar por Jerusalém a caminho de Petra, substituiu Jônatas pelo seu irmão Teófilo. Este exerceu o cargo de sumo sacerdote até o ano 41.

Sob o império de Calígula, o procurador da Judeia passou a ser Marcelo. Calígula deu a Herodes Agripa I (filho de Aristóbulo e neto de Herodes Magno) as tetrarquias que foram de seu tio Filipe (filho de Cleópatra e Herodes Magno), que morreu sem deixar herdeiros, mais a tetrarquia de Lisânias, a Abilene, no antilíbano (Lc 3,1). Mais tarde, quando Calígula destituiu Herodes Antipas do governo da Galileia e da Pereia, entregou também a Agripa I o controle dessas regiões. Agripa governou até o ano 44. Calígula havia dado ordens de erigir uma estátua em sua própria homenagem no Templo de Jerusalém, em 39. Mas Petrônio, legado da Síria na época, e Agripa I conseguiram protelar essa ordem, e com sua morte no ano 41, seu intento não se concretizou.

Enquanto isso, a comunidade cristã foi-se expandindo e se firmando na terra de Israel, por meio do apostolado, sobretudo de Pedro e dos Sete. Jerusalém era a sede básica da comunidade, que detinha uma clara posição de comando, sob a liderança de Tiago, "o irmão do Senhor" (At 15,13; Gl 2,9.12).

Martírio e dispersão

O imperador Cláudio, em reconhecimento ao apoio que recebeu de Agripa I na disputa pelo trono em Roma, estendeu o reinado deste à Iduméia, à Judéia e à Samaria, que formavam a antiga tetrarquia de Arquelau e que, até então, estavam sob o controle do procurador Marcelo. Desse modo, o antigo reino de Herodes Magno foi reconstituído. Ele começou a construir a terceira muralha de Jerusalém, mas o imperador Cláudio impediu as obras. A partir do ano 44 vieram tempos turbulentos para a Judéia e, é claro, para os cristãos. Agripa I reprimiu os cristãos de Jerusalém, mandando decapitar Tiago, irmão de João, pouco antes da Páscoa. Durante a festa mandou prender Pedro. Fez isso para agradar aos chefes judeus, que continuavam com a política de perseguição aos que se declaravam a favor de Cristo. Mas Pedro foi libertado "miraculosamente" (At 12). Com a morte de Herodes Agripa I, em 44, a Judéia voltou a ser província procuratoriana.[5]

O imperador Cláudio nomeou Agripa II, filho de Agripa I, como rei de Cálcis de 48-53. Em 49 recebe a inspetoria do Templo de Jerusalém e sua administração financeira, com o direito de nomear os sumos sacerdotes (At 23,2). Na época da revolta judaica, Agripa II aliou-se aos romanos, colaborando com eles militarmente. Durante o seu governo foram nomeados seis sumos sacerdotes, entre eles, Anã, filho de Anás. Só no ano 66, com uma rebelião comandada pelos zelotes,[6] a Judéia voltou a ter um governo judeu rebelde, mas este durou pouco, como veremos adiante.

A Assembleia de Jerusalém: pluralismo e unidade

Por volta do ano 48, houve diversos períodos de crise e de muita fome no Império Romano, inclusive na Judéia. A situação agravou-se pelo fato de ser um "ano sabático" para os judeus, isto é, a terra devia "descansar", não se podendo plantar nada naquele ano. A diminuição da produção, com certeza, agravou a crise de escassez de alimentos. Nesse contexto compreendemos a

---

[5] Os procuradores romanos que governaram a província da Judéia foram: Pôncio Pilatos (26-36); Marcelo (36/37-41); Cúspio Fado (44-46); Tibério Alexandre (46-48); Ventídio Cumano (48-52); Antônio Félix (52-60); Pórcio Festo (60-62); Luceio Albino (62-64); Géssio Floro (64-66).

[6] Segundo Flávio Josefo, alguns zelotas escondiam entre as suas vestes um pequeno estilete, conhecido em latim como *sica* (de onde vem o nome de sicários), com o qual agrediam os viajantes das estradas. Do ano 44 em diante esses fatos precederam e prepararam a guerra judaica (66-70 E.C.).

penúria sofrida pelos "irmãos da Judeia", o que motivou Paulo a organizar uma coleta em favor deles (1Cor 16,1; 2Cor 8). Também a rainha de Adiabene, Helena, convertida ao Judaísmo, levou socorros aos habitantes da Judeia, por essa ocasião. Quando chegaram em Jerusalém para entregar os recursos arrecadados em Antioquia, Paulo e Barnabé aproveitaram para expor um problema surgido na Igreja de Antioquia, ou seja, a pregação de alguns judeu-cristãos da Judeia sobre a obrigatoriedade da circuncisão dos gentios para obterem a salvação. A assembleia convocada para tratar desse assunto ficou conhecida como "a Assembleia de Jerusalém" (At 15,5-29).

Na assembleia, a Igreja de Jerusalém teve reconhecido o seu papel de centro espiritual e de liderança, de onde emanariam as orientações a serem seguidas por todas as comunidades. As opções eram duas: de um lado, a posição insustentável dos "judaizantes" radicais, que queriam a passagem dos convertidos do paganismo pelos ritos mosaicos. De outro lado, a posição liberal de Pedro, Paulo e Barnabé, que defendiam a total isenção dos pagãos convertidos perante as exigências da Lei Mosaica.

Cada facção pôde defender sua tese. Pedro se baseou no que aconteceu na casa de Cornélio. Paulo e Barnabé contaram o que viram em suas missões. Diante do impasse, Tiago, já reconhecido como líder do grupo "hebreu", dentre os quais, conforme Paulo (Gl 2,12), estavam os radicais judaizantes, propôs uma solução mais moderada: os convertidos do paganismo ficariam isentos das obrigações da Lei Mosaica, próprias da cultura judaica, sobretudo a circuncisão, mas estariam sujeitos à abstenção de práticas que não fossem consideradas universais para o contexto religioso da época, como as carnes oferecidas aos ídolos, as carnes sufocadas com sangue e as uniões ilícitas (At 15,20-21). A assembleia seguiu essa posição. Tal decisão foi de fundamental importância para a expansão do cristianismo entre os gregos e, ao mesmo tempo, para a manutenção da unidade da Igreja.

As dificuldades crescem

No início da década de 50 E.C., apoiados por Cumano, procurador da Judeia de 48 a 52, os judeus atacaram os samaritanos. Mas Cumano foi destituído e enviado a Roma por Quadrato, legado da Síria (50-60). Cresceu o banditismo, que seria depois duramente reprimido pelo procurador Antônio Félix (52-60). Em 53 o imperador Cláudio deu a Agripa II, em troca de Cálcis, as tetrarquias de Filipe (filho de Cleópatra) e de Lisânias (53-95) e a eparquia de Varo, no norte do Líbano. Com isso, Agripa II passou a ter o domínio de parte do antigo reino de Herodes Magno.

No ano 55, Nero que se tinha tornado imperador, em lugar de Cláudio, acrescentou ao reino de Agripa II uma parte da Galileia e da Pereia. No ano 59, o procurador Félix, que era bastante repressor, mandou apunhalar o sumo sacerdote Jônatas (52-59), embora devesse a ele o seu cargo. Isso foi uma grande provocação para os judeus. A década de 60 foi marcada pelo endurecimento da perseguição aos líderes cristãos e, ao mesmo tempo, por sucessivas revoltas judaicas contra a política romana. Em 62, o sumo sacerdote Anã mandou apedrejar Tiago, "irmão do Senhor", que dirigia a Igreja de Jerusalém. Em seu lugar a liderança passou para Simeão, filho de Cléofas e de Maria (cunhada da mãe de Jesus), conforme nos informa Eusébio. Nesse mesmo ano, Agripa II destituiu Anã. Além disso, os cristãos passaram a sofrer perseguição no ano 64, por ocasião do incêndio em Roma, pelo qual foram acusados de responsáveis. Nesse ano deve ter-se dado o martírio de Pedro em Roma. Os conflitos na terra de Israel também aumentaram, provocando a intervenção das milícias romanas na região.

O governo rebelde em Jerusalém

No ano 66, houve em Jerusalém a crucifixão de alguns judeus a mando do procurador Géssio Floro (64-66). Tal repressão, por parte do procurador romano, mostra o quanto havia crescido a insatisfação dos judeus com a política romana. Diante disso, os judeus se rebelaram e forçaram a fuga de Floro da cidade. Sob a hegemonia de um grupo de rebeldes, os "sicários", foi decretada, nesse mesmo ano, a independência, estabelecendo-se um governo rebelde em Jerusalém.

Nessa ocasião, estouraram distúrbios em Cesareia Marítima e em todo o resto do país. Em setembro de 66, Jerusalém foi atacada por Céstio Galo, legado da Síria (63-66), mas este teve de se retirar, sofrendo pesadas perdas.

No ano seguinte, Vespasiano e seu filho Tito, designados por Nero para tal missão, com 66 mil homens, conseguiram reconquistar grande parte da Galileia.

Em 67 ou 68, os zelotas, chefiados por João de Gíscala, que tinha fugido da Galileia, e os idumeus instauraram um novo governo rebelde em Jerusalém. Eles aprisionaram o governo rebelde anterior (sicários) e, segundo Flávio Josefo, massacraram o sumo sacerdote Anã e muitos nobres. Recomeçaram, então, o governo de oposição aos romanos. Foi um tempo de tensão e instabilidade na região, que provocou a fuga em massa dos nobres e, sem dúvida, dos cristãos (cf. Lc 21,20-23), os quais se refugiaram em Pela, conforme Eusébio.

Nessa ocasião, Vespasiano e Tito chegaram com seu exército para restabelecer o domínio romano sobre Jerusalém. Eles ocuparam a planície mediterrânea e o vale do Jordão, destruíram a comunidade de Qumrã, próxima ao Mar Morto, e iriam cercar Jerusalém, mas adiaram o cerco por causa da morte de Nero.

O ocaso da Igreja-Mãe

Depois da morte de Nero, o trono romano foi alvo de acirradas disputas. Galba já se havia proclamado imperador pouco antes do suicídio de Nero. Sete meses depois, Otônio foi proclamado imperador pelos pretorianos, ao mesmo tempo em que Vitélio o era pelas legiões da Germânia. No ano 69, Vespasiano, apoiado por Tibério Alexandre, prefeito do Egito, e por todo o Oriente, tornou-se imperador efetivamente, reinando até o ano 79.

Em 69, Simão Bargiora e os sicários assumiram a liderança da luta de resistência contra a política romana, competindo com João de Gíscala. Vespasiano conseguiu submeter o resto da Judeia ao controle romano, mas não conseguiu dominar Jerusalém e algumas fortalezas controladas pelos sicários (Herodion, Massada e Maqueronte). Então, já como imperador, confiou a seu filho Tito o cerco desses redutos rebeldes.

Após a Páscoa de 70, Jerusalém foi atacada pelo general Tito com quatro legiões de soldados romanos, compondo um número assustador de 24 mil guerreiros! Tomaram a terceira e, depois, a segunda muralha. Em seguida, tomaram a fortaleza Antônia. Os habitantes de Jerusalém ficaram sitiados por vários dias e começaram a passar fome. No começo de agosto cessaram os sacrifícios no Templo. Por fim, a 29 de agosto de 70, os romanos invadiram o átrio do Templo e o incendiaram. Ofereceram sacrifícios às insígnias romanas (cf. Mt 24,15). Aí Tito foi

A nova luz de Israel ilumina todos os povos

saudado como "imperador". Em setembro daquele ano, Tito conquistou a cidade alta e o palácio de Herodes. A população foi morta, vendida como escrava ou condenada a trabalhos públicos forçados.

No verão do ano 71, Simão Bargiora, o líder da revolta dos judeus, foi executado em Roma, enquanto Vespasiano e Tito desfilavam em triunfo com os despojos do Templo. Nos anos seguintes os romanos foram derrotando também, uma após outra, as demais localidades nas quais os sicários ainda resistiam. Lucílio Basso, legado da Judeia (71-72), reconquistou as fortalezas do Herodion e do Maqueronte. A última delas a ser reconquistada foi Massada, no ano 73, e o seu líder Eleazar, descendente de Judas, o Galileu, e seus sicários preferiram degolar-se uns aos outros a se render às tropas de Flávio Silva, então legado da Judeia.

A catástrofe de Jerusalém, no ano 70, influenciou profundamente os textos evangélicos que falam sobre a destruição de Jerusalém e sua extensão ao "fim dos tempos" (Mt 24,1-36; Mc 13; Lc 21,5-36). Este acontecimento acirrou ainda mais a fúria dos judeus contra os cristãos. A destruição de Jerusalém marcou também a dispersão dos líderes cristãos para outros lugares. Alguns anos depois, quando tudo já estava mais calmo, uma parte dos judeu-cristãos de Jerusalém voltou para a cidade, segundo o historiador cristão Epifânio. Mas a maioria dos grandes apóstolos, que fundaram e lideraram as Igrejas da terra de Israel, já tinha sido martirizada. Os poucos que poderiam ainda estar vivos (como João, segundo a tradição), encontravam-se bem distantes dali, levando a experiência da vida em comunidade para outras localidades. A atenção se volta, daí por diante, para as comunidades da diáspora. Nos próximos estudos vamos nos ocupar delas.

Roteiro para o estudo do tema

1. Oração inicial
Conforme a criatividade do grupo.

2. Mutirão da memória
Compor a síntese do conteúdo já lido por todos no subsídio. Caso as pessoas não tenham o subsídio, ficará a cargo do(a) líder expor a síntese.

Recurso visual
Distribuir os lápis de cor e as cópias do mapa das "primeiras comunidades cristãs da terra de Israel", que está neste fascículo. Todos podem colorir seu mapa, procurando observar onde se localizam as primeiras comunidades.

3. Partilha afetiva
Em plenário ou em pequenos grupos, dialogar:
- As primeiras comunidades cristãs foram herdeiras da fé de Israel. Depois se espalharam por todo o Império Romano por meio do testemunho e da ação missionária.
- Em nossa vida cristã pessoal e comunitária, o que significa ser testemunho?
- Nós lembramos de algum acontecimento em que fomos capazes de dar testemunho de fé?
- O que significa ser comunidade missionária?
- Nossa comunidade tem alguma ação missionária?

4. Sintonia com a Bíblia
Ler At 11,19-26.
O testemunho de fé da comunidade cristã não é compreendido por todos em Jerusalém. Começa uma perseguição à Igreja. Os membros da comunidade vão então para outras cidades, e lá começam a ação missionária.

Diálogo de síntese
- Quais as dificuldades que o testemunho cristão encontra hoje?
- As dificuldades são motivos para desistir ou para fortalecer a missão?

Lembrete: para a próxima reunião, trazer textos, apostilas, folhetos, livrinhos... que tenham sido escritos na comunidade, na diocese ou em alguma outra parte da Igreja do Brasil.

5º tema
A fé cristã tornou-se Boa Notícia

O testemunho maior sobre Jesus e o seu movimento está registrado no Segundo Testamento, sobretudo nos Evangelhos. Poucas referências encontramos em alguns escritos extrabíblicos.

E os escritos do Segundo Testamento?

Na Judeia, Samaria, Galileia, é pouco provável que se tenha escrito alguma coisa do Segundo Testamento. Há quem afirme que a Carta de Tiago tenha sido escrita em Jerusalém por esse apóstolo, que dirigiu a Igreja-Mãe, após a ida de Pedro para Roma. Isso teria se dado por volta do ano 58. Mas tal data e a autoria da epístola são discutidas hoje em dia. A data mais provável para essa carta está entre os anos 70 e 90, enquanto a sua atribuição ao apóstolo Tiago é um caso típico de pseudonímia, isto é, o verdadeiro autor evocou a autoridade do apóstolo para que seu escrito tivesse aceitação na comunidade. Esse era um recurso comum na época, que aliás já vinha desde o Primeiro Testamento.

Quanto aos Evangelhos, é importante lembrar que eles foram escritos (ou pelo menos tiveram sua redação definitiva) após a conquista de Jerusalém pelos romanos, no ano 70, exceto o Evangelho de Marcos, mas é pouco provável que tenham sido escritos na terra de Israel, embora o processo de redação tenha-se iniciado aí.

Testemunhos extrabíblicos sobre Jesus

Os escritos bíblicos do Segundo Testamento, sobretudo os quatro Evangelhos, são os testemunhos mais marcantes sobre a pessoa e a obra de Jesus que chegaram até nós. Se eles não existissem, teríamos apenas algumas referências de alguns historiadores da época, como Flávio Josefo (37-97 E.C.), Plínio, o Moço (62-114 E.C.), Tácito (55(?)-120 E.C.) e Suetônio (75-150 E.C.). Como veremos adiante, a maior parte das referências não se dirige diretamente à pessoa de Jesus, mas sim aos seus seguidores.

Para Flávio Josefo, Jesus é o Mestre da Verdade

Judeu natural de Jerusalém, Flávio Josefo era membro da nobreza sacerdotal e historiador. Conhecia a comunidade cristã de Jerusalém. Ele aderiu com moderação à revolta judaica de 66 E.C., que instaurou um governo rebelde em Jerusalém até o ano 70, comandando a defesa da Galileia. Derrotado, foi preso e deportado para Roma. Aí foi posto em liberdade e continuou sua atividade literária. Sua obra mais importante se intitula "Antiguidades judaicas".

Nessa obra, encontra-se uma referência importante à crucifixão de Jesus e à origem do nome "cristão": "Naquela época viveu Jesus, um homem sábio (se é que se pode chamá-lo de homem). Ele realizou coisas admiráveis (e era mestre daqueles homens que acolhem com alegria a verdade). Muitos judeus e pagãos ele atraiu a si. (Ele era o Messias.) E quando da acusação dos nossos homens mais autorizados, Pilatos o condenou à morte de cruz; os que o tinham amado não desistiram. (Ele, com efeito, apareceu-lhes vivo ao terceiro dia, como haviam anunciado sobre ele, entre mil outras coisas admiráveis, os profetas enviados por Deus). E até hoje não cessou mais a estirpe daqueles que dele tomam o nome de cristãos" (XV III 3,3). Os textos entre parênteses são acréscimos posteriores de autoria cristã, e não de Flávio Josefo. Como judeu, ele não poderia reconhecer Jesus como Messias. Um outro texto, na mesma obra, faz referência à morte de Tiago, "o irmão do Senhor" (Gl 1,19), que foi apedrejado no ano 62 E.C.: "O sumo sacerdote Anã reuniu o Sinédrio em juízo e mandou comparecer diante dele Tiago, irmão de Jesus, chamado o Cristo, e com ele alguns outros, e os condenaram à morte por apedrejamento" (XX 9,1).

Para Públio Cornélio Tácito, Jesus era o Condenado

Tácito escreveu, nos seus Anais, a história dos anos 14 a 68 E.C. Em sua obra, ele dá a notícia do incêndio de Roma, provocado por Nero, e faz também uma referência à morte de Jesus e à origem do nome "cristão": "Querendo fazer calar os boatos, (Nero) lançou a culpa sobre os outros e puniu, com requintados suplícios, aqueles que o povo chamava de cristãos e eram odiados por todos. Este nome teve origem de Cristo, que foi condenado à morte sob o imperador Tibério, pelo procurador Pôncio Pilatos".

Para Plínio, o Moço, Jesus é uma superstição

Plínio era governador da província romana da Bitínia. Teve dúvidas de como proceder em relação aos processos contra os cristãos e, por isso, escreveu ao imperador Trajano, no ano 112 E.C.: "Jamais tomei parte dos processos contra os cristãos e, portanto, não sei se é como se costuma punir e indagar [...]. Outros, apontados nominalmente por um delator, admitiram que eram cristãos e, logo depois, o negaram, dizendo que tinham sido, mas não o eram mais [...]. Afirmavam, ainda, que todo o seu crime ou erro teria consistido no fato de que costumavam reunir-se em um dia determinado da semana, antes do sol se levantar, e cantavam um hino a Cristo como a um deus [...]. Muitos, com efeito, de todas as idades e classes sociais e de ambos os sexos, correm e correrão ainda tal risco. Não só pelas cidades, mas também nas aldeias e nos campos, difundiu-se amplamente o contágio dessa superstição, que se pode ainda deter e corrigir [...]".

Para Caio Suetônio Tranquilo, Jesus instigava os judeus

Suetônio era secretário particular do imperador Trajano (98-117 E.C.) e, depois, também de Adriano (117-138 E.C.). Tinha livre acesso aos arquivos imperiais. Ele escreveu uma biografia dos 12 Césares. Na biografia de Cláudio, afirmou que ele "expulsou de Roma os judeus, os quais, instigados por um certo Crestos, provocavam tumultos frequentemente". O livro dos Atos dos Apóstolos faz referência a essa expulsão dos judeus, entre os quais estava o casal Áquila e Priscila, que eram cristãos (At 18,2). Ainda que Suetônio não faça uma referência explícita a Jesus, nem aos seus seguidores, como os outros historiadores, temos aqui mais um testemunho extrabíblico que comprova a existência de conflitos por causa da presença cristã na sociedade imperial dos anos 40 E.C.

Conclusão

Acabamos de ver os acontecimentos políticos que determinaram a vida da terra de Israel no período de 27 a 70 E.C. Dentro desse contexto viveram Jesus de Nazaré e seus discípulos. Também as primeiras comunidades, a começar pela Igreja-Mãe de Jerusalém e as demais Igrejas das diversas regiões da terra de Israel, até as Igrejas da diáspora judaica, movimentaram-se dentro desse contexto. Ele é marcado pelo vaivém de tropas e de rebeldes pelo entra-e-sai de imperadores e procuradores; pelo tira-e-põe de reis e sumos sacerdotes; pelo exclui-e-anexa de cidades e regiões

Na história dos personagens bíblicos, cujos escritos queremos entender melhor à luz dessa mesma história, este capítulo confirma

A fé cristã tornou-se Boa Notícia

aquilo que viemos constatando desde o início de nosso estudo bíblico: no conturbado redemoinho da vida do povo, que parece sugá-lo violentamente para aniquilá-lo, há sempre uma força contrária, que trabalha pela defesa da vida.

E essa força sempre sai vitoriosa, no fim das contas. As pessoas que seguiram Jesus Cristo e apostaram no seu projeto comunitário, sabem que têm a força dele para não sucumbir aos furacões causados pelos tiranos de plantão.

CRONOLOGIA DAS COMUNIDADES CRISTÃS (DE 6 A.E.C. A 70 E.C.)[1]

JESUS E AS PRIMEIRAS COMUNIDADES	TERRA DE ISRAEL E ROMA
Por volta de 6 a.E.C., nascimento de Jesus em Belém	37-4 a.E.C. Herodes Magno reina em Jerusalém
Entre 4 a.E.C. e 27 E.C., Jesus vive em Nazaré	29 a.E.C. a 14 E.C. Augusto, imperador de Roma
	4 a.E.C. a 6 E.C. Arquelau governa a Judeia, a Samaria e a Idumeia
27-28: atividade de João Batista	4 a.E.C. Herodes Antipas governa a Galileia e a Pereia
27-28: início do ministério público de Jesus (até a Páscoa do ano 30)	6-41: a Judeia torna-se província romana governada por um procurador (sede em Cesareia Marítima)
Páscoa de 28: Jesus expulsa os vendilhões do Templo	14-37: Tibério, imperador de Roma
Início de 29: execução de João Batista em Maqueronte por Herodes Antipas	Por volta de 6-15: Anás, sumo sacerdote em Jerusalém 18-36: Caifás, sumo sacerdote
Páscoa de 30: morte de Jesus na cruz em Jerusalém	26-36: Pôncio Pilatos procurador da Judeia
31/33: perseguição dos "helenistas"	36/37-41: Marcelo, procurador da Judeia

A maior parte das informações foi tirada de S. G. Segalla, *Panorama Storico del Nuovo Testamento*, Brescia, Queriniana, 1989, pp. 122-123. Algumas datas, porém, foram alteradas segundo a cronologia da *Bíblia de Jerusalém* (São Paulo, Paulus, 1985), de onde extraímos as demais informações.

Cronologia das comunidades cristãs (de 6 a.E.C. a 70 E.C.)

Jesus e as primeiras comunidades	Terra de Israel e Roma
Perto de 34: martírio de Estêvão; Filipe evangeliza a Samaria entre 34 e 45; apostolado de Pedro na Samaria, na planície marítima e em Jerusalém	Páscoa de 36 até Páscoa de 37: Jônatas (filho de Anás) é empossado sumo sacerdote por Vitélio, legado da Síria (35-37)
Entre 34 e 37: conversão de Paulo	37-41: Calígula, imperador de Roma
Paulo na Arábia	37-41: Teófilo (irmão de Jônatas) é empossado sumo sacerdote por Vitélio
37-38: primeira visita de Paulo aos apóstolos de Jerusalém	
37/38: início da missão entre os pagãos pelos judeu-cristãos de Cirene e de Chipre	37-44: Agripa I recebe as tetrarquias de Filipe e Lisânia, como rei
Por volta de 37: fundação da comunidade de Antioquia da Síria	39: Herodes Antipas é deposto por Calígula e desterrado
	40: Agripa I recebe de Calígula a tetrarquia de Antipas
	41-54: Cláudio, imperador de Roma
Páscoa de 44: Agripa I executa Tiago, filho de Zebedeu, e prende Pedro	41-44: Agripa I recebe de Cláudio a Judeia e a Samaria, reconstituindo o reino de Herodes Magno
Entre 46 e 48: Primeira viagem missionária – Paulo e Barnabé (Chipre e Panfília)	44: A Judeia volta a ser província procuratoriana (até 66)
	44-46: Cúspio Fado, procurador da Judeia
	46-48: Tibério Alexandre, procurador
48: Concílio de Jerusalém. Tiago, "o irmão do Senhor", lidera a comunidade	47-48: carestia na Palestina (seca e fome). Coleta das comunidades da Ásia para os irmãos da Judeia
49/50-52: Paulo em Corinto – segunda viagem missionária de Paulo (Ásia e Macedônia)	47-52/59: Ananias é designado sumo sacerdote por Herodes, rei de Cálcis (41-48), irmão de Agripa I
	48-52: Ventídio Cumano
53-56/57: Paulo em Éfeso	49: Edito de Cláudio expulsando os judeus de Roma

Cronologia das comunidades cristãs (de 6 a.E.C. a 70 E.C.)

Jesus e as primeiras comunidades	Terra de Israel e Roma
Entre 53 e 58: terceira viagem missionária de Paulo (Galácia e Frígia e depois Macedônia e Grécia) Inverno de 55/56 ou 56/57: Segunda ida de Paulo a Corinto Pentecostes de 56 ou 57: Paulo é preso em Jerusalém 57-59 ou 58-60: Paulo fica preso em Cesareia	49: Agripa II, filho de Agripa rei de Calcis (48-53), recebe o poder de nomear os sumos sacerdotes 52-60: Antônio Felix, procurador 52-59: Jônatas, sumo sacerdote 54-68: Nero, imperador de Roma 60-62: Festo, procurador da Judeia Entre 59 e 67: rei Agripa II nomeia seis sumos sacerdotes
59 ou 60: viagem de Paulo como prisioneiro para Roma	60-62: Pórcio Festo, procurador
59-61 ou 60-62: Paulo, em Roma, espera o julgamento de seu processo	62-64: Luceio Albino, procurador
62: martírio de Tiago, "irmão do Senhor", pelo sumo sacerdote Anã	62: Anã, sumo sacerdote 64: incêndio de Roma. Nero persegue os cristãos
67: martírio de Pedro e Paulo (?) em Roma	64-66: Floro, procurador
66-70: fuga de cristãos de Jerusalém para Pela	66-70: revolta judaica contra os romanos. João de Gíscala, com seus zelotes e os idumeus, conquistam Jerusalém
	68: suicídio de Nero: vários generais disputam o poder de Roma
	69: Simão Bargiora e os sicários resistem em Jerusalém 69-79: Vespasiano, imperador de Roma
	70: tomada de Jerusalém pelos romanos. Destruição do Templo. A Judeia, província imperial confiada ao legado da 10ª legião

Roteiro para o estudo do tema

1. **Oração inicial**
Conforme a criatividade do grupo.

2. **Mutirão da memória**
Compor a síntese do conteúdo já lido por todos no subsídio. Caso as pessoas não tenham o subsídio, ficará a cargo do(a) líder expor a síntese.

Recurso visual
Todos podem, brevemente, examinar um dos materiais que foram trazidos: subsídios populares, livrinhos, apostilas, boletins, folhetos... Depois, cada um apresenta o seu e diz qual o tema tratado e onde foi escrito.

3. **Partilha afetiva**
Em plenário ou em pequenos grupos, dialogar:
- As primeiras comunidades escreveram sobre sua experiência da fé. Assim, a Boa Notícia de Jesus ressuscitado chegou até nós. As comunidades de hoje continuam escrevendo e criando formas de comunicar a fé?
- Se neste momento nós fôssemos escrever sobre a experiência que estamos fazendo neste estudo bíblico, o que iríamos destacar como mais importante?
- Os pontos que achamos importantes, são semelhantes ou diferentes daquilo que está escrito no Segundo Testamento?

4. **Sintonia com a Bíblia**
Ler At 15,22-29.
Os apóstolos reúnem-se em Jerusalém para dialogar sobre a pregação do Evangelho aos outros povos. No fim, escrevem uma carta à comunidade de Antioquia, na qual comunicam as diretrizes do encontro.

Diálogo de síntese
A carta do Concílio de Jerusalém tornou-se Palavra de Deus. Chegou a nós nos Atos dos Apóstolos.
- Os materiais que foram escritos em nossas comunidades, hoje, também podem ser considerados como Palavra de Deus?
- É uma Palavra de Deus igual à Bíblia, ou diferente dela?

Subsídios de apoio

Bibliografia utilizada

GALLARDO, C. B. *Jesus, homem em conflito*. São Paulo, Paulinas, 1997.

LAURENTIN, R. *Vida autêntica de Jesus Cristo*, T. I e II. São Paulo, Paulinas, 2002.

LIBANIO, J. B. *Sempre Jesus:* a caminho do novo milênio. São Paulo, Paulinas, 1998.

MESTERS, C. *Com Jesus na contramão*. São Paulo, Paulinas, 1995.

RICHARD, P. *O movimento de Jesus depois da ressurreição*: uma interpretação libertadora dos Atos dos Apóstolos. São Paulo, Paulinas, 1999.

SÁNCHEZ, T. P. *Os tempos de Jesus; Quatro facetas de Jesus; As comunidades proféticas a caminho*. São Paulo, Paulinas, 1996.

Recursos visuais

BENDICO, S. D. *O Messias de Rossellini*. São Paulo, Paulinas, 1975. Dublado em português.

CAPPELLARO, A. C. G. *Nos passos de Jesus*, v. 1-5. São Paulo, Instituto Alberione, 2000.

CASTRO, J. F. M. *Transparências de mapas e temas bíblicos para retroprojetor*. São Paulo, Paulinas, 2001.

LIBANIO, J. B. *Sempre Jesus*. São Paulo, Paulinas/COMEP, 1998.

MEGDESSIAN, R. *Jesus, ontem, hoje e sempre*. São Paulo, Paulinas, 1997.

PRENTICE, C. *Evangelho segundo Mateus*, 4 v. São Paulo, Instituto Alberione, 2000.

ROSSI, S. *Maria, filha de seu Filho*. São Paulo, Instituto Alberione, 2002.

Sumário

APRESENTAÇÃO 5

METODOLOGIA 7
   Motivação 7
   Sintonia integral com a Bíblia 7
   Pressupostos da metodologia integral 8
   Recursos metodológicos 9
   Roteiro para o estudo dos temas 10
   Cursos de capacitação de agentes para a pastoral bíblica 10

INTRODUÇÃO 11

   1º TEMA – COMUNIDADES CRISTÃS, ONTEM E HOJE 13
   Revendo o caminho feito 14
   As Comunidades Eclesiais de Base no Brasil 15
   A política romana na terra de Israel do século I E.C. 19
   Comunidades cristãs da terra de Israel: a fé compartilhada 21
   Roteiro para o estudo do tema 22

   2º TEMA – DEUS VIVEU NOSSA VIDA COTIDIANA 23
   Entusiasmo e dificuldades do início 26
   A postura de Jesus diante da situação de seu tempo 26
   Roteiro para o estudo do tema 30

   3º TEMA – O CRISTIANISMO É HERDEIRO DA FÉ JUDAICA 31
   Comunidade de Jerusalém: do Judaísmo à fé cristã 33
   A influência da Igreja de Jerusalém 37
   Pedro: o líder da Igreja em Jerusalém 40
   Tiago: "o irmão do Senhor" 44
   Roteiro para o estudo do tema 46

   4º TEMA – A NOVA LUZ DE ISRAEL ILUMINA TODOS OS POVOS 47
   A expansão da comunidade para fora de Jerusalém e da Judeia 51
   Roteiro para o estudo do tema 60

   5º TEMA – A FÉ CRISTÃ TORNOU-SE BOA NOTÍCIA 61
   E os escritos do Segundo Testamento? 62
   Testemunhos extrabíblicos sobre Jesus 65
   Conclusão 66
   Roteiro para o estudo do tema 67

SUBSÍDIOS DE APOIO 69

COLEÇÃO BÍBLIA EM COMUNIDADE

PRIMEIRA SÉRIE – VISÃO GLOBAL DA BÍBLIA

1. Bíblia, comunicação entre Deus e o povo – Informações gerais
2. Terras bíblicas: encontro de Deus com a humanidade – Terra do povo da Bíblia
3. O povo da Bíblia narra suas origens – Formação do povo
4. As famílias se organizam em busca da sobrevivência – Período tribal
5. O alto preço da prosperidade – Monarquia unida em Israel
6. Em busca de vida, o povo muda a história – Reino de Israel
7. Entre a fé e a fraqueza – Reino de Judá
8. Deus também estava lá – Exílio na Babilônia
9. A comunidade renasce ao redor da Palavra – Período persa
10. Fé bíblica: uma chama brilha no vendaval – Período greco-helenista
11. Sabedoria na resistência – Período romano
12. O eterno entra na história – A terra de Israel no tempo de Jesus
13. A fé nasce e é vivida em comunidade – Comunidades cristãs na terra de Israel
14. Em Jesus, Deus comunica-se com o povo – Comunidades cristãs na diáspora
15. Caminhamos na história de Deus – Comunidades cristãs e sua organização

SEGUNDA SÉRIE – TEOLOGIAS BÍBLICAS

1. Deus ouve o clamor do povo (Teologia do êxodo)
2. Vós sereis o meu povo e eu serei o vosso Deus (Teologia da aliança)
3. Iniciativa de Deus e corresponsabilidade humana (Teologia da graça)
4. O Senhor está neste lugar e eu não sabia (Teologia da presença)
5. Profetas e profetisas na Bíblia (Teologia profética)
6. O Sentido oblativo da vida (Teologia sacerdotal)
7. Faça de sua casa um lugar de encontro de sábios (Teologia sapiencial)
8. Grava-me como selo sobre teu coração (Teologia bíblica feminista)
9. Teologia rabínica (em preparação)
10. Paulo, apóstolo de Jesus Cristo pela vontade de Deus (Teologia paulina)
11. Compaixão, cruz e esperança (Teologia de Marcos)
12. Lucas e Atos: uma teologia da história (Teologia lucana)
13. Ide e fazei discípulos meus todos os povos (Teologia de Mateus)
14. Teologia joanina (em preparação)
15. Eis que faço novas todas as coisas (Teologia apocalíptica)
16. As origens apócrifas do cristianismo (Teologia apócrifa)
17. Teologia da Comunicação (em preparação)
18. Minha alma tem sede de Deus (Teologia da espiritualidade bíblica)

TERCEIRA SÉRIE – BÍBLIA COMO LITERATURA

1. Bíblia e Linguagem: contribuições dos estudos literários (em preparação)
2. Introdução às formas literárias no Primeiro Testamento (em preparação)
3. Introdução às formas literárias no Segundo Testamento (em preparação)
4. Introdução ao estudo das Leis na Bíblia
5. Introdução à análise poética de textos bíblicos
6. Introdução à Exegese patrística na Bíblia (em preparação)
7. Método histórico-crítico (em preparação)
8. Método narrativo na Bíblia (em preparação)
9. Método retórico e outras abordagens (em preparação)

QUARTA SÉRIE – RECURSOS PEDAGÓGICOS

1. O estudo da Bíblia em dinâmicas – Aprofundamento da Visão Global da Bíblia
2. Aprofundamento das teologias bíblicas (em preparação)
3. Aprofundamento da Bíblia como Literatura (em preparação)
4. Pedagogia bíblica
   4.1. Primeira infância: E Deus viu que tudo era bom
   4.2. Segunda Infância (em preparação)
   4.3. Pré-adolescência (em preparação)
   4.4. Adolescência (em preparação)
   4.5. Juventude (em preparação)
5. Modelo de ajuda (em preparação)
6. Mapas e temas bíblicos (em preparação)
7. Metodologia de estudo e pesquisa (em preparação)

Rua Dona Inácia Uchoa, 62
04110-020 – São Paulo – SP (Brasil)
Tel.: (11) 2125-3500
http://www.paulinas.com.br – editora@paulinas.com.br
Telemarketing e SAC: 0800-7010081